JN438211

진각국사(眞覺國師)

오로지 정법만을 깨닫기 서원합니다.

입을 열면 정법만을 설하기 서원합니다.

중생이 다하는 그날까지 교화하기 서원합니다.

–대원 문재현 전법선사의 3대 서원

근대 선맥 전법 계보 (近代 禪脈 傳法 系譜)

75조 경허 성우(鏡虛 惺牛) 선사

오도송

홀연히 콧구멍 없는 소 되라는 말끝에	忽聞人語無鼻孔
삼천계가 내 집임을 단박에 깨달았네	頓覺三千是我家
유월의 연암산을 내려가는 길에서	六月鷰岩山下路
일없는 야인이 태평가를 부르노라	野人無事太平歌

76조 만공 월면(滿空 月面) 선사

전법게

구름과 달, 산 계곡이라, 곳곳에서 같음이여	雲月溪山處處同
수산선자 큰 가풍일세	叟山禪子大家風
은근히 무문인을 분부하노니	慇懃分付無文印
이 기틀의 방편이 활안 중에 있노라	一段機權活眼中

77조 전강 영신(田岡 永信) 선사

전법게

불조도 전한 바 없어서	佛祖未曾傳
나 또한 얻은 바 없음을…	我亦無所得
가을빛 저물어 가는 날에	此日秋色暮
뒷산의 원숭이가 울고 있네	猿嘯在後峰

78대 대원 문재현(大圓 文載賢) 선사

전법게

부처와 조사도 일찍이 전한 것이 아니거늘	佛祖未曾傳
나 또한 어찌 받았다 하며 준다 할 것인가	我亦何受授
이 법이 2천년대에 이르러서	此法二千年
널리 천하 사람을 제도하리라	廣度天下人

부송(付頌)

어상을 내리지 않고 이러-히 대한다 함이여	不下御床對如是
뒷날 돌아이가 구멍 없는 피리를 불리니	後日石兒吹無孔
이로부터 불법이 천하에 가득하리라	自此佛法滿天下

이 오도송과 전법게는 대원 문재현 선사님께서 법리에 맞도록 새롭게 번역한 것입니다.

남방 가야산 해인사 용성 진종(龍城 震鍾) 대조사 강맥
북방 금강산 장안사 회광 사선(晦光 師璿) 대강백 강맥
남방과 북방의 양대 강맥을 전강받는 전강 대법회에서
법문 중 할을 하시는 대원 문재현 전법선사

바로보인 선문염송 14

바로보인 출판사는 재단법인 대한불교 육조정맥종 정맥선원에서 운영하고 있습니다.

* 국제 정맥선원 487-832, 경기도 포천시 내촌면 음현리 140-2
전화 031-531-8805

* 광주 정맥선원 506-453, 광주광역시 광산구 오운동 115-3
전화 062-944-4088

* 서울 정맥선원 132-010, 서울시 도봉구 도봉동 559-24 문젠빌딩 2층
전화 02-3494-0122

* 부산 정맥선원 607-120, 부산시 동래구 사직동 113-1번지 대륙코리아나 2층 212호
전화 051-503-6460

* 포천 정맥선원 487-832, 경기도 포천시 내촌면 음현리 14번지
전화 031-531-2433

바로보인 불법 ⑩
바로보인 선문염송(禪門拈頌) 14

초판 1쇄 박은날 단기 4342년, 불기 3036년, 서기 2009년 10월 10일
초판 1쇄 펴낸날 단기 4342년, 불기 3036년, 서기 2009년 10월 15일

역 저 대원 문재현 선사
펴 낸 곳 도서출판 바로보인
151-802, 서울특별시 관악구 남현동 1056-1 에스파빌딩 3층
전화 02-3494-2460 팩스 02-3494-2460(전화 겸용)
등록번호 1993.10.20. 제15-169호

편집·윤문 진성 윤주영
제작·교정 도명 정행태, 진연 윤인선, 명심 위하나
인 쇄 가람문화사

값 15,000원

ISBN 978-89-86214-35-2 04220
ISBN 978-89-86214-21-5 (전30권)

불조 법계보(佛祖 法系譜)

인 도

종조 석가모니 (宗祖 釋迦牟尼)

1 조 마하가섭 (摩訶迦葉)

2 조 아난타 (阿難陀)

3 조 상나화수 (商那和脩)

4 조 우바국다 (優波毱多)

5 조 제다가 (提多迦)

6 조 미차가 (彌遮迦)

7 조 바수밀 (婆須密)

8 조 불타난제 (佛陀難提)

9 조 복타밀다 (伏馱密多)

10조 파율습박 (波栗濕縛)

11조 부나야사 (富那夜奢)

12조 아나보리 (阿那菩提)

13조 가비마라 (迦毗摩羅)

14조 나알라수나 (那閼羅樹那)

15조 가나제파 (迦那堤波)

16조 라후라타 (羅睺羅陀)

17조 승가난제 (僧伽難提)

18조 가야사다 (迦耶舍多)

19조 구마라다 (鳩摩羅多)

20조 사야다 (闍夜多)

21조 파수반두 (婆修盤頭)

22조 마노라 (摩拏羅)

23조 학륵나 (鶴勒那)

24조 사자보리 (師子菩提)

25조 파사사다 (婆舍斯多)

26조 불여밀다 (不如密多)

27조 반야다라 (般若多羅)

28조 보리달마 (菩提達磨)

중 국

29조 이조 혜가 (2조 慧可)

30조 삼조 승찬 (3조 僧璨)

31조 사조 도신 (4조 道信)

32조 오조 홍인 (5조 弘忍)

33조 육조 혜능 (6조 慧能)
34조 남악 회양 (7조 南嶽 懷讓)
35조 마조 도일 (8조 馬祖 道一)
36조 백장 회해 (9조 百丈 懷海)
37조 황벽 희운 (10조 黃檗 希雲)
38조 임제 의현 (11조 臨濟 義玄)
39조 흥화 존장 (12조 興化 存奬)
40조 남원 혜옹 (13조 南院 慧顒)
41조 풍혈 연소 (14조 風穴 延沼)
42조 수산 성념 (15조 首山 省念)
43조 분양 선소 (16조 汾陽 善昭)
44조 자명 초원 (17조 慈明 楚圓)
45조 양기 방회 (18조 楊岐 方會)
46조 백운 수단 (19조 白雲 守端)
47조 오조 법연 (20조 五祖 法演)
48조 원오 극근 (21조 圜悟 克勤)
49조 호구 소륭 (22조 虎丘 紹隆)
50조 응암 담화 (23조 應庵 曇華)
51조 밀암 함걸 (24조 密庵 咸傑)
52조 파암 조선 (25조 破庵 祖先)
53조 무준 사범 (26조 無準 師範)
54조 설암 혜랑 (27조 雪岩 慧郎)
55조 급암 종신 (28조 及庵 宗信)
56조 석옥 청공 (29조 石屋 淸珙)

한 국

57조 태고 보우 (1 조 太古 普愚)
58조 환암 혼수 (2 조 幻庵 混脩)
59조 구곡 각운 (3 조 龜谷 覺雲)
60조 벽계 정심 (4 조 碧溪 淨心)
61조 벽송 지엄 (5 조 碧松 智儼)
62조 부용 영관 (6 조 芙蓉 靈觀)
63조 청허 휴정 (7 조 淸虛 休靜)
64조 편양 언기 (8 조 鞭羊 彦機)
65조 풍담 의심 (9 조 楓潭 義諶)
66조 월담 설제 (10조 月潭 雪霽)
67조 환성 지안 (11조 喚醒 志安)
68조 호암 체정 (12조 虎巖 體淨)
69조 청봉 거안 (13조 靑峰 巨岸)
70조 율봉 청고 (14조 栗峰 靑杲)
71조 금허 법첨 (15조 錦虛 法沾)
72조 용암 혜언 (16조 龍巖 慧言)
73조 영월 봉율 (17조 詠月 奉律)
74조 만화 보선 (18조 萬化 普善)
75조 경허 성우 (19조 鏡虛 惺牛)
76조 만공 월면 (20조 滿空 月面)
77조 전강 영신 (21조 田岡 永信)
78대 대원 문재현 (22대 大圓 文載賢)

대원 문재현 선사님 인가 내역

제 1 오도송

이 몸을 끄는 놈 이 무슨 물건인가?
골똘히 생각한 지 서너 해 되던 때에
쉬이하고 불어온 솔바람 한 소리에
홀연히 대장부의 큰 일을 마치었네

무엇이 하늘이고 무엇이 땅이런가
이 몸이 청정하여 이러-히 가없어라
안팎 중간 없는 데서 이러-히 응하니
취하고 버림이란 애당초 없다네

하루 온종일 시간이 다하도록
헤아리고 분별한 그 모든 생각들이
옛 부처 낳기 전의 오묘한 소식임을
듣고서 의심 않고 믿을 이 누구인가!

此身運轉是何物
疑端汨沒三夏來
松頭吹風其一聲
忽然大事一時了

何謂靑天何謂地
當體淸淨無邊外
無內外中應如是
小分取捨全然無

一日於十有二時
悉皆思量之分別
古佛未生前消息
聞者卽信不疑誰

대원 문재현 선사님의 스승이신 전강(田岡) 대선사님께서 1962년 대구 동화사의 조실로 계실 당시 대원 문재현 선사님께서도 동화사에 함께 머무르고 계셨다.

하루는, 전강 대선사님께서 대원 선사님의 3연으로 되어 있는 제1오도송을 들어 깨달은 바는 분명하나 대개 오도송은 짧게 짓는다고 말씀하셨다. 이에 대원 선사님께서는 제1오도송을 읊은 뒤, 도솔암을 떠나 김제들을 지나다가 석양의 해와 달을 보고 문득 읊었던 제2오도송을 일러드렸다.

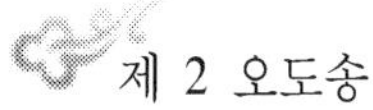

제 2 오도송

해는 서산 달은 동산 덩실하게 얹혀 있고
김제의 평야에는 가을빛이 가득하네
대천이란 이름자도 서지를 못하는데
석양의 마을길엔 사람들 오고 가네

日月兩嶺載同模
金提平野滿秋色
不立大千之名字
夕陽道路人去來

제2오도송을 들으신 전강 대선사님께서는 이에 그치지 않고 그와 같은 경지를 담은 게송을 이 자리에서 즉시 한 수 지어볼 수 있겠냐고 하셨다. 대원 선사님께서는 곧바로 다음과 같이 읊으셨다.

바위 위에는 솔바람이 있고
산 아래에는 황조가 날도다
대천도 흔적조차 없는데
달밤에 원숭이가 어지러이 우는구나

岩上在松風
山下飛黃鳥
大千無痕迹
月夜亂猿啼

전강 대선사님께서는 위 송의 앞의 두 구를 들으실 때만 해도 지긋이 눈을 감고 계시다가 뒤의 두 구를 마저 채우자 문득 눈을 뜨고 기뻐하는 빛이 역력하셨다.

그러나 전강 대선사님께서는 여기에서도 그치지 않고 다시 한 번 물으셨다.

"대중들이 자네를 산으로 불러내고 그 중에 법성(향곡 스님 법제자인 진제 스님)이 달마불식(達磨不識) 도리를 일러보라 했을 때 '드러났다'고 답했다는데, 만약에 자네가 당시의 양무제였다면 '모르오'라고 이르고 있는 달마 대사에게 어떻게 했겠는가?"

대원 선사님께서 답하셨다.

"제가 양무제였다면 '성인이라 함도 서지 못하나 이러-히 짐의 덕화와 함께 어우러짐이 더욱 좋지 않겠습니까?' 하며 달마 대사의 손을 잡아 일으켰을 것입니다."

전강 대선사님께서 탄복하며 말씀하셨다.

"어느새 그 경지에 이르렀는가?"

"이르렀다곤들 어찌 하며, 갖추었다곤들 어찌 하며, 본래라곤들 어찌 하리까? 오직 이러-할 뿐인데 말입니다."

대원 선사님께서 연이어 말씀하시자 전강 대선사님께서 이에 환희하시니 두 분이 어우러진 자리가 백아가 종자기를 만난 듯, 고수명창 어울리듯 화기애애하셨다.

달마불식 공안에 대한 위의 문답은 내력이 있는 것이다. 전강 대선사님께서 대원 선사님을 부르기 며칠 전에, 저녁 입선 시간 중에 노장님 몇 분만이 자리에 앉아있을 뿐 자리가 텅텅 비어 있었다고 한다.

대원 선사님께서 이상히 여기고 있던 중, 밖에서 한 젊은 수좌가 대원 선사님을 불렀다. 그 수좌의 말이 스님들이 모두 윗산에 모여 기다리고 있으니 가자고 하기에 무슨 일인가 하고 따라가셨다.

그러자 그 자리에 있던 법성 스님이 보자마자 달마불식 법문을 들고 이르라고 하기에 지체없이 답하셨다.

"드러났다."

곁에 계시던 송암 스님께서 또 안수정등 법문을 들고 물으셨다.

"여기서 어떻게 살아나겠소?"

대뜸 큰소리로 이르셨다.

"안 · 수 · 정 · 등."

이에 좌우에 모인 스님들이 함구무언(緘口無言)인지라 대원 선사님께서는 먼저 그 자리를 떠나 내려와 버리셨다.

그 다음날 입승인 명허 스님께서 아침 공양이 끝난 자리에서 지난 밤 입선시간 중에 무단으로 자리를 비운 까닭을 묻는 대중 공사를 붙여 산 중에서 있었던 일들이 낱낱이 드러나고 말았다. 그리하여 입선시간 중에 자리를 비운 스님들은 가사 장삼을 수하고 조실인 전강 대선사님께 참회의 절을 했던 일이 있었다.

전강 대선사님께서는 이때에 대원 선사님께서 달마불식 도리에 대해 일렀던 경지를 점검하셨던 것이다.

이런 철저한 검증의 자리가 있었던 다음 날, 전강 대선사님께서 부르시기에 대원 선사님께서 가보니 주지인 월산(月山) 스님께서 모든 것이 약조된 데에서 입회해 계셨으며 전강 대선사님께서는 곧바로 다음과 같이 전법게(傳法偈)를 전해주셨다.

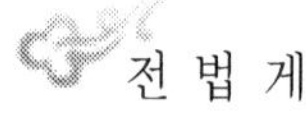

전 법 게

부처와 조사도 일찍이 전한 것이 아니거늘
나 또한 어찌 받았다 하며 준다 할 것인가
이 법이 2천년대에 이르러서
널리 천하 사람을 제도하리라

佛祖未曾傳
我亦何受授
此法二千年
廣度天下人

덧붙여 이 일은 월산 스님이 증인이며 2000년까지 세 사람 모두 절대 다른 사람이 알게 하거나 눈에 띄게 하지 않아야 한다고 당부하셨다.

만약 그러지 않을 시에는 대원 선사님께서 법을 펴 나가는데 장애가 있을 것이라고 예언하셨다. 또한 각별히 신변을 조심하라 하시고 월산 스님에게 명령해 대원 선사님을 동화사의 포교당인 보현사에 내려가 교화에 힘쓰게 하셨다.

대원 선사님께서 보현사로 떠나는 날, 전강 대선사님께서는 미리 적어두셨던 부송(付頌)[1]을 주셨으니 다음과 같다.

부 송

어상을 내리지 않고 이러-히 대한다 함이여
뒷날 돌아이가 구멍 없는 피리를 불리니
이로부터 불법이 천하에 가득하리라

不下御床對如是
後日石兒吹無孔
自此佛法滿天下

1) 부송(付頌) : 이때 주신 송을 헤어질 때 주신 송이라 송별송이라 이름했으나 그 내용이 대원 선사님에게 먼 미래에 이르기까지의 법을 부촉하시는 내용이어서 부송(付頌)이라고 개명한다.

위의 송의 '어상을 내리지 않고 이러-히 대한다 함이여'라는 첫째 줄 역시 내력이 있는 구절이다.

전에 대원 선사님께서 전강 대선사님을 군산 은적사에서 모시고 계실 당시 마당에서 홀연히 마주쳤을 때 다음과 같은 문답이 있었다.

전강 대선사님께서 물으셨다.

"공적(空寂)에 영지(靈知)를 이르게."

대원 선사님께서 대답하셨다.

"이러-히 스님과 대담(對談)합니다."

"영지에 공적을 이르게."

"스님과의 대담에 이러-합니다."

"어떤 것이 이러-히 대담하는 경지인가?"

"명왕(明王)은 어상(御床)을 내리지 않고 천하 일에 밝습니다."

위와 같은 문답 중에 대원 선사님께서 답하신 경지를 부송의 첫째 줄에 담으신 것이다.

전강 대선사님께서 대원 선사님을 인가(印可)하신 과정을 볼 때 한 번, 두 번, 세 번을 확인하여 철저히 점검하신 명안종사의 안목에 탄복하지 않을 수 없으며 이에 끝까지 1초의 머뭇거림도 없이 명철하셨던 대원 선사님께 찬탄하지 않을 수 없다.

그리하여 법열로 어우러진 두 분의 자리가 재현된 듯 함께 환희용약하지 않을 수 없다.

이제 전강 대선사님과 약속한 2천년대를 맞이하였으므로 여기에 전법게를 밝힌다.

이로써 경허, 만공, 전강 대선사님으로 내려온 근대 대선지식의 정법의 횃불이 이 시대에 이어져 전강 대선사님의 예언대로 불법이 천하에 가득할 것이다.

바로보인 불법 ⑩

바로보인 선문염송(禪門拈頌)

14

대원 문재현 선사 역저

책을 내면서

『선문염송(禪門拈頌)』은 『전등록(傳燈錄)』과 더불어 세계 최대의 공안집(公案集)이다. 중국에서 출간된 『경덕전등록(景德傳燈錄)』의 양억이 쓴 서문에 의하면 경덕전등록 전30권에는 1,701명의 선사님이 실려 있다.

그런데 선사님 한 분의 어록 안에 여러 공안이 실려 있으므로 전체 공안의 수는 책에 실린 선사님의 수보다 훨씬 많다고 할 것이다.

『선문염송』 역시 본 공안만 해도 1,454칙으로 이루어져 있다. 게다가 각 공안마다 많게는 수십 분, 적게는 한두 분 선사님의 법문과 송(頌)이 딸려 있고, 각 법문과 송에 또한 많은 공안도리가 숨어 있으니 그것들을 다 든다면 만 여 공안이 넘어 오히려 『전등록』의 공안 수를 훨씬 웃돌 것이라고 본다.

이러한 보배 중의 보배가 설두(雪竇) 선사님의 후신이라고 일컬어지는 고려 진각(眞覺) 국사님에 의해 완성되어 우리나라에서 초유로 간행되었으니 자랑스러운 일이라 아니할 수 없다.

『선문염송』을 보며 석가모니 부처님께서 병에 따라 약을 주시듯 근기에 따라 갖은 방편을 다하여 자유자재 수행인을 제접하신 바가 참으로 희유한 법인 공안도리를 이루게 되었다는 것에서 새삼 경외감을 느꼈다. 또한 설두 선사와 진각 국사 두 몸에 걸쳐 끝내 이 공안집의 완성을 이루신 그 서원에 감동하였다.

그러하니 혼자 몸으로 이 『선문염송』의 전 공안을 번역하고 평하여 바로 보이신 스승님의 지혜와 자비, 원력에 어찌 찬탄의 말씀을 드리지 않을 수 있을까.

『선문염송』은 앞에서도 이야기했듯 우선 본칙부터 전 공안을 망라하다시피 한 방대한 양이며 이에 대해 많은 선사님들의 법문까지 결집해 놓은 터라 부처님으로부터 각 선사님들의 법 쓰시는 바를 손바닥 들여다보듯 하지 않고는 제대로 번역할 수가 없다.

그러므로 이것은 번역이 아니라 다시금 보이셨다는 말이 걸맞을 것이다.

'양구(良久)'라는 한마디도 어떻게 번역하느냐에 따라 수행인이 더욱 분명히 공안을 참구하는 계기가 되는 것이다. 선사님들이 말없이 계시는 내역을 바로 짚기란 여간 어려운 것이 아닌데 스승님께서는 이를 의로(意路)에 따라 읽어내어 '잠잠히 있다가' 혹은 '말없이 보이다가'로 번역하셨다.

또한 양구의 내역뿐 아니라 법문의 어디에 선사님들의 참 의중인 공안이 숨어있는가를 고스란히 드러내어 그 공안을 바로 참구할 수 있게끔 번역하셨으니 공안참구의 길잡이 역할을 하셨다는 것을 독자들은 바로 알아차릴 수 있을 것이다.

게다가 난해하기로 유명한 『선문염송』, 어떤 선사도 감히 전 공안에 대해 입을 벌리지는 못했는데 스승님께서는 최초로 전 공안에 취모검 휘두르기를 두려워하지 않으셨다.

한마디로 일체종지를 통달한 이가 아니고는 애시당초 엄두도 내지 못할 일을 거침없이 각 칙마다 일러가셨으니 그 통달한 지혜에 누군들 탄복하지 않을 수 있을까.

더불어 평생에 걸쳐서라도 이 공안집 30권을 바로 보이시겠다는 스승님의 원력과 노고를 잊을 수가 없다. 당신이 아니면 할 수 없는 일이라는 사명감에 국제선원을 짓는 불사와 전국의 제자를 가르치는 와중에도 1992년도부터 9년째 『선문염송』 작업을 놓지 않으셨다.

지금도 눈에 환히 떠오르는 것은 주말마다 선원에 가면 밤늦게까지 불켜진 스승님의 방, 방문을 열면 책상 앞에서 『선문염송』 작업을 하다가 고개를 들어 웃어주시며 피곤한 눈가에 맺힌 눈물을 닦아내시던 스승님의 모습이다.

하루에도 여러 번 불사현장을 오가느라 지친 몸에도 작업을 보면 떨치고 일어나 앉으셨다. 그때마다 얼마나 죄스럽고 안타까운 마음이었던가.

『바로보인 전등록』 전 30권의 완역과 더불어 이 『바로보인 선문염송』 30권의 역저로 스승님의 번개 같은 지혜와 후학자를 위한 자비의 빛이 제불보살님, 뭇 선사님들의 광휘와 더불어 스러지지 않을 것을 믿는다.

『선문염송』 30권 중 1권은 대부분 석가모니 부처님께서 보이신 공안으로 이루어져 있다. 당시에 이러한 공안도리로써 제접하셨다니 부처님께서는 시공을 초월한 분이란 것을 증명한 대목이라 아니할 수 없다.

그럼에도 불구하고 공안도리가 마치 석가모니 부처님 당대에는 없었던 조사님들만의 특별한 법인 양 말씀하시는 분들이 많은 것이 안타깝다.

조사님들이 최상승인 조사선 도리로 제창하셨다 하나 부처님과 비교하는 것은 당초에 어리석은 논의라고 본다.

부처님께서 영산회상에서 꽃 들어 보인 소식 하나만 보더라도 그러하다. 여기 어찌 조사선, 여래선을 논하랴.

꽃 들어 보임에 온통 법계라
가섭이 미소지음 흔연히 나뉨없어
이 소식 알련가
덩실 덩실 더덩실

2000년 9월 1일

진성(眞性) 윤주영(尹柱瑛)

서 문

말세가 되어 마(魔)는 강해지고 법(法)은 쇠약해져 사법(邪法)을 추구하는 사람들이 늘어나면서 사법이 무성해지고 세상이 혼란해지니 그 어느 때보다도 정법(正法)이 요구되는 시점이다. 그래서 미력하나마 감히 어둠을 밝히는 등불이 되기를 결심한 터였다.

그런데 부산에 사는 하목원님이 염송번역 본문 두어 권을 가지고 와서 '내가 보아도 번역을 이렇게 해서 되겠나 하는 대목이 많아서 가져왔습니다. 아무리 교화에 바쁘시더라도 스승님께서 틈을 내셔서 번역을 하셔야 되겠습니다.'라고 간곡히 청하여 『선문염송』 번역에 착수하게 되었다.

부처님과 조사님들의 가르침은 오직 깨달음에 뜻이 있다. 그 가르침의 진수만을 진각 국사께서 가려 결집해 놓은 것이 바로 『선문염송』이다. 이 주옥 같은 공안들을 누구나 볼 수 있어야 하는데 한문 원본으로 있거나 부처님들과 조사님들의 근본 뜻과는 먼 번역본들 뿐이니 어떠한 일이 있어도 금생에 완역을 하여 불조의 뜻을 바로 보게 하겠다는 맹세를 스스로 하게 되었다.

그러나 막상 번역에 착수하고 보니 오자는 아님에도 여러 본을 구해놓고 보아도 뜻이 통하지 않는 대문이 많았다. 그럴 때마다 국내 대형 서점을 돌아다니며 옛 한자사전 또는 대형 한자사전을 구해서 조사님 당대에는 그 글자가 어떠한 뜻으로 쓰였는가를 찾고, 그것이 위아래 뜻에 통하는가 관조하여 불조(佛祖)의 본 뜻에 어긋나지 않는 번역이 되도록 최선을 다하였다.

그러나 혹 미비한 점이 있다면 강호제현님들의 명안책언(明眼嘖言)이 있기를 바란다.

이 책이 나오기까지 편집·윤문에 진성 윤주영, 제작·교정에 도명 정행태, 진연 윤인선이 수고한 바에 깊이 감사한다.

또한 이 책을 보는 이들 모두가 성불(成佛)로 회향(回向)되기만을 빈다.

어떻게 회향할 것인가?

옥녀봉 위 흰구름 한가롭고
광암의 저수지 짙푸르다
진연아, 차 한 잔 내오렴

단기(檀紀) 4333년

불기(佛紀) 3027년

서기(西紀) 2000년

무등산인 대원 문재현
(無等山人 大圓 文載賢)

차 례

일러두기

1. 장설봉(張雪峰) 선사님께서 현토한 본을 가지고 번역하되 뜻이 통하지 않는 곳은 동국대 역경원본, 백봉(白峯) 거사본을 모두 참고하여 오자가 없고 본 공안 이치에 어김이 없도록 최선을 다하였다.

2. 위와 같이 여러 본을 두루 살펴보아도 뜻이 통하지 않는 경우에는 그 조사(祖師) 당시에 그 글자가 어떤 뜻으로 쓰였는지 옛 한자사전을 찾아 번역하였다.

3. 각 칙마다 역저자인 대원 문재현 선사님의 도움말과 시송을 더하여 공안의 본 뜻을 들추어내 놓았다.

4. 제목은 본칙의 핵심이 되는 공안도리로 다시 정하였다. 그것이 마땅치 않을 때는 무엇에 대해 문답하고 있는지를 살펴서 문답의 주제나 소재를 제목으로 하였다.

535칙 친근(親近)

본 칙

선주 비수 혜성 선사가 앉아있는데 동산 선사가 오자 혜성 선사가 물었다.

"그대는 무엇하러 왔는가?"

동산 선사가 말하였다.

"화상을 친히 모시러 왔습니다."

혜성 선사가 다시 말하였다.

"친히 모신다면 입술은 나불거려서 무엇을 하려는가?"

동산 선사가 대답이 없었다.

나중에 조산 선사가 이 말을 듣고 말하였다.

"동산이 깨달았구나."

宣州椑樹慧省禪師 坐次 洞山 來叅 師問 汝來作麼 山云 來親近和尚 師云 若是親近 用動這兩片皮作什麼 洞山 無對 後 曹山 聞擧 乃云 一子親得

ↀ 단하순 선사 송

원래부터 부자(父子)는 헤어진 적 없거늘
석녀가 어찌 다시 수고롭게 그걸 물으랴
지난 밤, 싸늘한 바위 앞의 그림자 없는 나무가
흰 구름 깊은 곳에 비낀 가지 드러냈네

丹霞淳 頌
從來父子不相離
石女何勞更問伊
昨夜寒嵓無影木
白雲深處露橫枝

 대원 문재현은 이 칙을 모두 들고나서 이르노라.

혜성 선사 더없는 자비를 쓰느라 썼지만 실수를 했다.

천연스레 혜성선사 앉았고
천연스레 동산선사 섰으니
천연하고 천연한 신통일세

536칙 수량에 떨어지지 말고 말하라

 본 칙

비수 선사가 정산 선사에게 물었다.

"수량에 떨어지지 말고 말씀해 주십시오."

정산 선사가 염주를 들어올려 세면서 말하였다.

"이는 떨어진 것인가, 떨어지지 않은 것인가?"

이에 비수 선사가 말하였다.

"두렷한 구슬의 세 구멍은 사람마다 있거니와 청컨대 스님께서 두렷하기 전의 이야기를 해 주십시오."

정산 선사가 때리자 비수 선사가 나가버렸다.

이에 정산 선사가 말하였다.

"30년 뒤에 가슴을 치면서 통곡을 하리라."

나중에 과연 비수 선사가 개당하게 되자 대중에게 보이고 말하였다.

"30년 전에 정산 노장에게 내가 한바탕 속았는데 작은 일이 아니었느니라."

棹樹 問定山 不落數量 請師道 山 提起數珠云 是落 不落 師云 圓珠三竅 人人有 請師圓前話 山便打 師便去 山云 三十年後 搥胸大哭去在 師果後開堂 示衆云 三十年前 被定山老子瞞我一上 不同小小

ꕤ 설두현 선사가 이 칙을 들고 말하였다.

정산 선사가 쓰기는 바로 썼으나 험한 것을 어찌하며 비수 선사가 알기는 바로 알았으나 아직 벗어나지는 못했구나. 법을 가릴 줄 아는 안목을 가진 이는 가려보라.

雪竇顯 擧此話云 定山 用卽用 爭奈險 椑樹 知卽知 要且未出 具擇法眼 試請辨看

 대원 문재현은 이 칙을 모두 듣고나서 이르노라.

“수량에 떨어진 것인가, 떨어지지 않은 것인가?” 할 적에 “옳기는 옳습니다만 벗어나지는 못했습니다.” 하고 얼른 나와버렸어야 했다.

칡순은 옆으로 뻗어가고
잣나무는 하늘 향해 솟는다
차나 들며 즐기는 게 좋겠네

537칙 나의 나라는 평안합니다

 본 칙

고 사미가 약산 선사에게 가니 약산 선사가 물었다.

"장안을 보았다는 말로 몹시 시끄러운데 그대도 아는가?"

고 사미가 말하였다.

"나의 나라는 평안합니다."

약산 선사가 기뻐하면서 말하였다.

"그대는 경을 보아 깨달았는가, 참문하여 깨달았는가?"

고 사미가 말하였다.

"경을 보아 깨친 것도 아니며, 참문하여 깨달은 것도 아닙니다."

약산 선사가 말하였다.

"대부분의 사람들도 경을 보지 않고 물어 배우지도 않았거늘, 어째서 깨닫지 못하는가?"

고 사미가 말하였다.

"저들이 깨닫지 못했다고 이를 것이 아니니, 스스로 깨달음을 긍정하지 못할 뿐입니다."

高沙彌 叅藥山 山問 見說長安 甚鬧 你還知麽 師云 我國 晏然 山忻然曰子從看經得 從請益得 師云 不從看經得 亦不從請益得 山云大有人 不看經不請益 爲什麽不得 師云 不道他不得 自是他不肯承當

∞ 투자청 선사 송

홍하고 망하는 것, 구름의 오감이런가
그는 국토랄 것도 없어 티끌마저 끊겼다네
수미산 꼭대기의 뿌리 없는 풀이여
봄바람 안 불어도 스스로 꽃피우네

投子靑 頌
興亡雲去與雲來
渠無國土絶塵埃
須彌頂上無根草
不受春風花自開

○ 법안 선사가 "나의 나라는 평안합니다." 한 것까지 들고 특별히 말하였다.

누구를 보고 말할 것인가.

法眼 擧至我國晏然 師別云 見誰說

🙞 상방익 선사가 "나의 나라는 평안합니다." 한 것까지 들고 대신 말하였다.

특별한 집의 분이시구나.

上方益 擧至晏然 師代云 特舍漢

☁ 불안원 선사의 문답

불안원 선사가 대신 말을 하고자 이 칙을 들고 어떤 선승에게 물었다.

"어떤 것이 나의 나라인가?"

스스로 대신 대답하였다.

"사오백 가지의 붉은 꽃과 푸른 버들이 아름다운 마을이요, 이삼천 군데의 피리 불고 비파 뜯는 누각이니라."

佛眼遠 垂代 擧此話 問僧 如何是我國 自代云 四五百條花柳巷 二三千處管絃樓

 대원 문재현은 이 칙을 모두 듣고나서 이르노라.

고수가 명창을 맞은 자리로다.

화창한 봄나들이 걸음이여
걸음걸음 화려한 경치라
터지는 것 웃음과 노래일세

538칙 무엇이 의심스러운가

 본 칙

경조 취미 무학 선사에게 어떤 선승이 물었다.

"화상의 법석에 온 이후로 상당하실 적마다 한 법도 가르쳐 보이심을 입은 바가 없으니 뜻이 어디에 있습니까?"

무학 선사가 말하였다.

"무엇이 의심스러운가?"

그 선승이 다시 동산 선사에게 물었더니, 동산 선사가 말하였다.

"어째서 노승을 기이하게 여기는가?"

나중에 어떤 선승이 법안 선사에게 물었더니 법안 선사가 말하였다.

"조사가 왔도다."

京兆翠微無學禪師 因僧問 自到和尙法席 每沐上堂 不蒙一法示誨意在於何 師云 嫌箇什麽 僧復問洞山 山云 爭怪得老僧 後 有僧問法眼 眼云 祖師來也

☁ 설두현 선사가 이 칙을 들고 말하였다.

두 노장이 그 선승에게 꿰뚫림 당했으나, 법안 선사만이 그와 동참하였구나. 만일 설두의 문하에서라면 방망이를 맞고 쫓겨났을 것이다.

雪竇顯 擧此話云 兩箇老漢 被者僧穿却 唯有法眼 與他同叅 若是雪竇門下 喫棒了趕出

☁ 공수 화상이 이 칙을 들고 이어 설두현 선사가 이 칙을 들어 말한 것을 들고 말하였다.

설두 선사도 몽둥이찜질을 면치 못하겠구나. 보수 선사가 "구린 내는 한결같다." 했느니라.

空叟和尙 擧此話 連擧雪竇顯拈 師云 雪竇 未免打之遶 保壽道 尿無兩樣臭

 대원 문재현은 이 칙을 모두 들고나서 이르노라.

당시에 이 사람이라면 "화상의 법석에 온 이후로 상당하실 적마다 한 법도 가르쳐 보이심을 입은 바가 없으니 뜻이 어디에 있습니까?" 하면 말없이 보이다가, 그 선승이 입을 열려 할 때 문득 쳤을 것이다.

낮에는 해 있어 밝음이
밤에는 별빛에 어두움이
자연스런 일이니 의심 말라

539칙 태워도 탄 적이 없었으니 공양은 공양하는 데 맡길 뿐이다

 본 칙

취미 선사에게 어떤 선승이 물었다.

"단하 선사는 목불도 태웠거늘 화상께선 어찌하여 나한에게 공양을 하십니까?"

취미 선사가 말하였다.

"태워도 탄 적이 없었으니 공양은 공양하는 데 맡길 뿐이다."

翠微 因僧問 丹霞燒木佛 和尚 爲什麽 供養羅漢 師云 燒也燒伊不着 供養 一任供養

☁ 원통수 선사가 이 칙을 들고 말하였다.

그런 즉, 이치가 있는 곳엔 큰 소리가 필요 없는 것이다. 만일 자세히 점검한다면 마치 수고한다 해도 공이랄 것이 없는 것과 같도다. 알겠는가?

원수도 가까운 데에 있고 빚도 주인이 갚아야 한다.

圓通秀 拈 然則有理不在高聲 若也子細檢點將來 大似勞而無功 還會麼 寃有頭債有主

 대원 문재현은 이 칙을 모두 듣고나서 이르노라.

당시에 나라면 "무엇이 부처며 무엇이 부처 아니더냐?"라고 물어서 나오는 대로 대해 주었을 것이다.

모든 것의 공양을 받으며
모든 것에 공양을 하는 것이
일상에 내가 하는 일이라네

540칙 주장자를 일으켜 세우다

 본 칙

담주 석실 선도 선사가 항상 선승이 오는 것을 보면 주장자를 일으켜 세우고 말하였다.

"과거 모든 부처님들 또한 이와 같았고, 현재의 모든 부처님들 또한 이와 같고, 미래의 모든 부처님들 또한 이와 같으니라."

장사 선사가 듣고 말하였다.

"내가 만약 보았더라면 곧 주장자를 놓아버리게 해서 특별한 소식을 통하게 했을 것이다."

潭州石室善道禪師 凡見僧來 拈起柱杖云 過去諸佛也伊麼 現在諸佛也伊麼 未來諸佛也伊麼 長沙聞云 我若見 卽令放下柱杖子 別通介消息

ᐳ 원오근 선사가 이 칙을 들고 말하였다.

석실 선사가 그렇게 한 것은 고준하다 하겠지만 만일 장사 선사가 아니었다면 어찌 기틀에 부합하였으리오. 그러나 다만 이와 같은 것만 알고 이와 같다 할 것도 없는 것은 알지 못했다.
(주장자를 들고)
과거의 부처님들도 이와 같다 할 것도 없었고, 현재의 부처님들도 이와 같다 할 것도 없고, 미래의 부처님들도 이와 같다 할 것도 없느니라.
혹 만약 모두가 말하기를 주장자를 버리라 해도 나는 그대가 그저 말이나 배우는 무리인 줄 알겠노라.
산 기틀이라면 한 마디를 일러보라.

圜悟勤 拈 石室 置箇問端 不妨孤峻 若不是長沙 爭得投機 雖然 只知伊麼 不知不伊麼 遂擧柱杖云 過去諸佛 不伊麼 現在諸佛 不伊麼 未來諸佛 不伊麼 或若摠道放下柱杖子 我也知你只是學語之流 生機處 道將一句來

 대원 문재현은 이 칙을 모두 듣고나서 이르노라.

(이 칙을 모두 듣고 또 원오 선사의 말에 "미래의 부처님들도 이와 같다 할 것도 없느니라."라고 한 데 이르러 말하기를)

두 분이여, 두 분이여.

갈매기는 석양빛을 자질하고
어부는 걸음을 재촉하네
선도여 원오시여 하. 하. 하.

541칙 부처와 도의 거리는 얼마나 됩니까

본 칙

석실 선사에게 앙산 선사가 물었다.

"부처와 도의 거리는 얼마나 됩니까?"

석실 선사가 말하였다.

"도는 손을 편 것 같고, 부처는 주먹을 쥔 것 같으니라."

앙산 선사가 다시 물었다.

"끝내 어찌하여야 적중해서 믿을 수 있고 의지할 수 있겠습니까?"

석실 선사가 손으로 세 차례 허공을 튕기면서 말하였다.

"그런 일까지도 없느니라. 그런 일까지도 없느니라."

石室 因仰山問 佛之與道 相去幾何 師云 道如展手 佛似握拳 山曰 畢竟如何 的當可信可依 師以手撥空三下云 無恁麽事無恁麽事

ꩠ 지비자 선사 송

손을 폄이여, 놓아 엶이요
손을 쥠이여, 정에 듦일세
믿고 의지한다는 것이
병 없는데 병을 이룸이요
부처니 도니 함이여
몸을 죽이고 목숨을 잃음임을…

知非子 頌
展手放開
握拳把定
可信可依
無病成病
佛兮道兮
喪身失命

☁ 운거석 선사가 이 칙을 들고 말하였다.

알고 싶은가?
지금은 방으로 돌아갔다가 내일 올라오라.

雲居錫 拈 要會麽 如今歸堂去 明日却上來

ꕥ 장산원 선사가 상당하여 이 칙을 들고 말하였다.

고덕(古德)이 몹시도 이상하였구나. 지금 만일 누군가가 나에게 “부처와 도의 거리는 얼마나 됩니까?” 한다면 “팔은 길고 옷소매는 짧다.” 하리라.

(주장자를 높이 들어 한 번 내려치다)

蔣山元 上堂擧此話云 古德 奇怪 如今 若有人 問龍華 佛之與道 相去幾何 答他云 臂長衫袖短 卓柱杖一下

ↀ 법진일 선사가 말하였다.

부처는 주먹을 쥔 것 같고, 도는 손을 편 것 같다 했다.
(합장을 하고)
이것은 무엇을 닮았는가? 만일 대답을 한다면 그대는 일을 마친 사람이라 하겠지만, 만일 대답을 못 한다면 의심 없다 하지 않는 것이 좋겠다.

法眞一 擧 佛似握拳 道如展手 師乃合掌云 者底 似介什麼 若道得 許你是介了事 若道不得 莫道不疑好

 대원 문재현은 이 칙을 모두 듣고나서 이르노라.

이 두 분이 무슨 짓인가?

노승이 눈을 감고 앉은 산사
풍경소리 정적을 더하는데
서산마루 노을빛 비단일세

542칙 부모(父母)

본 칙

석실 행자에게 행산 선사가 물었다.

"듣건대 행자께서 오대산엘 다녀오셨다던데, 문수보살을 보셨습니까?"

석실 행자가 말하였다.

"보았습니다."

행산 선사가 다시 물었다.

"무엇이라 말씀하시더이까?"

석실 행자가 말하였다.

"그대의 친부모들이 깊은 풀 속에 던져져있다고 했습니다."

행산 선사가 대답이 없었다.

石室 因杏山問 承聞 行者遊臺山來 還見文殊麼 云見 杏山云 道什麼 師云 道你生身父母 抛在深草裏 杏山 無對

⁓ 한암승 선사가 보설에서 이 칙을 들고 말하였다.

이 한 공안이 어떠한가. 이 밖의 딴 이야기를 하지 말라. 나는 다만 여러분께 묻노라. 석실 행자가 '화상의 부모가 풀 속에 던져져 있다.'라고 한 뜻이 무엇인가? 행산 선사의 물음을 끊어버린 것이 아닌가? 행산 선사의 말문을 쓸어버린 것이 아닌가? 또한 도리의 밖으로 나와 뛰어넘어 분별의 우리 안에 있지 말라는 것이 아닌가? 또한 말 있는 가운데 말이 없고, 뜻 있는 가운데 뜻 없는 것이 아닌가? 또한 티끌 한 점도 세울 수 없듯 한 법도 존립할 수 없다는 것이 아닌가?

여러분이 바로 안다면 무슨 현묘한 말이나 기이한 구절이 있겠는가. 현묘한 구절이나 기이한 말이란 것이 단지 그대들의 방 안의 이야기와 매일반이니라. 무슨 까닭인가?

단지 그대들이 그 속에서 소견을 일으키거나 견해를 내는 까닭에 이 속에 이르러서 삼키거나 뱉는 것을 버리지 못하면 마침내 군말이 되느니라. 군말이 될 뿐 아니라 다시 오음의 세계 안에서 나고 죽는 근본이 되니 작은 일이 아니니라.

寒嵓升 普說 擧此話云 遮一段公案 是如何 其他句語 休說 我只問你諸人 石室行者道 和尚父孃 抛在荒草裏 意旨如何 莫是截却他杏山

問端麼 掃却他杳山語路麼 又莫是超出道理之外 不在分別之間麼 又莫是有語中無語 有意中無意麼 又莫是不立一塵 不存一法麼 你諸人若會得去 也有什麼玄言妙句 妙句玄言 只是你寮舍裏說話一般 何故只爲你去者裏 起情見 生意解 所以 到者裏 便呑吐不去 遂成剩語 不唯是成剩語 便是五陰界中生死根本 也不是小事 (云云)

 대원 문재현은 이 칙을 모두 들고나서 이르노라.

우문명답이란 이를 두고 하는 말이던가?

"그대의 친부모들이 깊은 풀 속에 던져져있다고 했느니라." 하고 있는 석실 선사를 잘 살펴야 한다.

전광석화 이를 두고 한 말인가?

습득과 포대선사 만난 듯

그지없이 상쾌한 일이로세

543칙 달구경

 본 칙

석실 선사가 앙산 선사와 달구경을 하는데 앙산 선사가 물었다.

"저 달이 뾰족할 때엔 둥근 모습이 어디로 가고, 둥글 때엔 뾰족한 모습이 어디로 갔습니까?"

석실 선사가 말하였다.

"뾰족할 때엔 둥근 모습이 숨고, 둥글 때엔 뾰족한 모습이 있느니라."

이에 운암 선사가 말하였다.

"뾰족할 때엔 둥근 모습이 있고, 둥글 때엔 뾰족한 모습이 없다."

도오 선사가 말하였다.

"뾰족할 때에도 뾰족한 것이 없고, 둥글 때에도 둥근 것도 없다."

石室 與仰山翫月次 山問云 遮介月 尖時 圓相 什麽處去 圓時 尖相 什麽處去 師云 尖時 圓相隱 圓時 尖相在 雲嵓 云 尖時 圓相在 圓時 沒尖相 道吾 云 尖時 亦不尖 圓時 亦不圓

☁ 심문분 선사가 이 칙을 들고 말하였다.

앙산 선사가 그렇게 물은 것은 옛에 빛나서 이제에 높이 받들어지고, 석실 선사의 그렇게 대답함은 하늘에 빛나고 땅을 비추며, 운암 선사의 그렇게 판별한 것은 가없음에 명백했고, 도오 선사가 그렇게 말한 것은 숨음과 나타남을 일시에 갖추었다. 그러나 빛을 희롱한다는 것이 그림자가 있는 것을 면치 못하였다.

心聞賁 拈 仰山伊麽問 耀古騰今 石室伊麽答 輝天鑑地 雲嵓伊麽辨 明白無邊際 道吾伊麽說 隱現一時該 雖然如是 未免俱弄光影在

 대원 문재현은 이 칙을 모두 듣고나서 이르노라.

네 분 모두가 옳기는 하나 진흙 속의 보석을 면치 못했다.

백아의 거문고에 지나는
뜰 아래 귀뚜리 소리가
달빛 타고 창 안에 스미누나

544칙 문채가 생기기 이전의 소식

본 칙

천선 화상에게 어떤 선승이 와서 방석을 펴려하자 천선 선사가 말하였다.

"환히 비칠 때라면 위의(威儀) 드러냄을 쓸 것도 없다. 도리어 나에게 문채가 생기기 이전의 소식을 가져오라."

선승이 말하였다.

"제가 입이 있는 벙어리로 곧 앓다 죽는 것을 막을망정, 겨울에 부채는 무엇하러 찾으십니까?"

천선 선사가 방망이를 들어 때리려하자 선승이 붙들고 말하였다.

"도리어 나에게 방망이를 들기 이전의 소식을 가져오십시오."

천선 선사가 말하였다.

"나를 따르는 이는 남북으로 따르고, 나를 따르지 않는 이는 동서에 죽어있다."

선승이 말하였다.

"따르고 따르지 않는 것은 그만두고 스님께서는 동서남북이나 가리켜주십시오."

천선 선사가 곧 때렸다.

天仙和尚 因僧叅 才展坐具 師云 不用通時喧 還我文彩未生時道理來 僧云 某甲 有口啞却 卽閑苦死 覓箇臘月扇子作麽 師拈棒作打勢 僧 把住云 還我未拈棒時道理來 師云 隨我者 隨之南北 不隨我者 死住東西 僧云 隨與不隨 且置 請師指出東西南北 師便打

◌ 법진일 선사 송

장군의 장막을 누가 능히 지나가랴
그 선승처럼 처음부터 거량을 잘 하기도 쉽지 않으나
뱀꼬리 용머리에 활과 검이 부러지니
산의 칡 삼십이라도 많다고 할 것이 아니다

法眞一 頌
將軍帳上孰能過
不易僧初善切磋
蛇尾龍頭弓劍折
山藤三十未爲多

 대원 문재현은 이 칙을 모두 듣고나서 이르노라.

선각자로서 천선 화상이 서툴게 이전 이후를 말하고, 동과 서를 말해서 자꾸 꼬리를 물리는 격이 되었구나.

손자를 귀여워한 할애비는
수염을 뽑힌다고 했던가
선지식 으레 당하는 일일세

대그림자 중창을 비질하고
밤새소리 고요를 더하는데
노전은 도량석 서두누나

545칙 노승이 사람들을 위하는 뜻이 어디에 있겠는가

 본 칙

본생 화상이 주장자를 들고 대중에게 보이고 말하였다.

"내가 만약 들어 올려도, 그대들은 곧 들어 올리지 않는 때처럼 도리나 짓고, 내가 만약 들어 올리지 않아도, 그대들은 들어 올린 때처럼 만들어 짓기를 마음대로 하는구나. 말해보라. 노승이 사람들을 위하는 뜻이 어디에 있겠는가?"

어떤 선승이 나서서 말하였다.

"망령되이 분별을 낼 수는 없습니다."

이에 본생 선사가 말하였다.

"그대가 분수 밖이 아니라는 것은 알고 있었느니라."

선승이 말하였다.

"낮고 낮은 곳은 평평해서 남음이 있거니와, 높고 높은 곳은 보아도 족함이 없습니다."

본생 선사가 말하였다.

"분별 위에 다시 분별을 내는구나."

선승이 말이 없자 본생 선사가 말하였다.

"코를 막고 향기를 훔치다 공연히 죄를 범했다고 결박되는구나."

本生和尙 拈柱杖示衆云 我若拈起 你便向未拈起時 作道理 我若不拈起 你便向拈起時 作主宰 且道 老僧爲人 在甚處 時有僧 出云 不敢妄生節目 師云 也知闍梨 不分外 僧云 低低處 平之有餘 高高處 觀之不足 師云 節目上 更生節目 僧 無語 師云 掩鼻偸香 空招罪犯

ꗃ 설두현 선사가 이 칙을 들고 말하였다.

이 선승이 잘 거량했으나 활이 부러지고 화살이 다했으니 어쩌랴. 그러나 이와 같아서 본생 선사는 작가인 종사니, 들어 올릴 때 하늘을 돌리고 땅을 굴리는 것이라, 응당 두 손을 모으고 돌아와 항복해야 할 것이요, 놓아버릴 때 바람 가는 대로 풀이 눕듯 함이라, 반드시 전신이 일치하여 해로움을 멀게 한 것이니라.

본생 선사가 사람들을 위하는 곳을 보았는가?

(다시 주장자를 일으켜 세우고)

태평은 본래 장군이 이룩했지만 장군이 태평을 보았다고 하면 허락하지 않느니라.

雪竇顯 擧此話云 遮僧 也善能切磋 爭奈弓折箭盡 然雖如此 且本生是作家宗師 拈起也 天廻地轉 應須拱手歸降 放下也 草偃風行 必合全身遠害 還見本生爲人處也無 師復拈起柱杖云 太平 本是將軍致 不許將軍見太平

◌ 법진일 선사가 이 칙을 들고 말하였다.

본생 선사가 그렇게 대중에게 보이자 그 선승이 "망령되이 분별을 낼 수는 없습니다." 하였는데 그렇게 시기에 맞게 나서기가 쉽지 않겠구나.

본생 선사도 "그대가 분수 밖이 아니라는 것은 알고 있었느니라." 하였으니 본생 선사도 좋은 마음은 아니다.

선승이 "낮고 낮은 곳은 평평해서 남음이 있거니와, 높고 높은 곳은 보아도 족함이 없습니다." 하니 어렴풋이 곡조가 비슷하여 겨우 들을 만하다가 또 바람이 불자 다른 가락에 빠지게 되었구나.

본생 선사가 "분별 위에 다시 분별을 내는구나." 하였으니 어찌 본생 선사가 조목에 의거하여 안건을 매듭지은 것이 아니겠는가.

선승이 말이 없자 본생 선사가 "코를 막고 향기를 훔치다 공연히 죄를 범했다고 결박되는구나." 하였으니 아깝도다. 그 선승이 한 번 떠나더니 다시는 돌아오지 않는구나.

그때에 본생 선사가 "그대가 분수 밖이 아니라는 것은 알고 있었느니라." 하는 것을 보자마자 "표주박 자루가 화상의 손아귀에 있으니 어찌합니까?" 해서 그가 헤아려 왈가왈부하려 하면 곧바로 선상을 번쩍 들어 거꾸러뜨렸어야 할 것이니라.

(주장자를 번쩍 집어들고)

만일 노승의 손아귀에 있다면 감히 하나인들 꼼짝할 자가 있겠는가?

法眞一 拈 本生 恁麽示衆 者僧云 某甲 不敢妄生節目 也不易出來副箇時節 本生 云 也知闍梨不分外 師云 本生 也未是好心 僧云 低低處 平之有餘 高高處 觀之不足 師云 依稀似曲纔堪聽 又被風吹別調中 生云 節目上 更生節目 師云 本生 豈不是據款結案 僧 無語 生云 掩鼻偸香 空招罪犯 師云 可惜 者僧 一去更不再來 當時 若見本生 道 也知闍梨不分外 但云 爭奈杓柄在和尙手裏 待伊擬議 便與掀倒禪床 師驀拈柱杖云 若是老僧手裏 敢有一箇動着

ඏ 백운병 선사가 이 칙을 들고 말하였다.

굽은 것을 그만두고 곧은 것을 듦으로써 불조의 가풍이라는 자취마저 끊어버리고 흔적조차 없앴구나. 이 문중 납자들의 파비[2]라면 설사 같은 소리로 맞춰 서로 응하며 같은 의기로 서로 구한다 해도 점검하러 올 것도 없음이여.

백운이 만 리로다.

白雲昺 拈 擧直措枉 佛祖門風 絶跡亡蹤 衲僧巴鼻 縱使同聲相應 同氣相求 點着不來 白雲萬里

---

2) 파비(巴鼻) : 巴는 把, 鼻는 '소의 코'로 코뚜레를 통해 소를 붙든다는 뜻. 소나 말을 끌 때 코에 거는 줄을 매다는 곳. 요점, 목표, 기준점, 안목, 증거, 근거 등의 뜻으로 쓰인다.

 대원 문재현은 이 칙을 모두 듣고나서 이르노라.

본생 선사의 법이 옳기는 옳으나 배우는 이에게 어지럽게 함이 없지 않고, 선승도 "분별 위에 다시 분별을 내는구나." 할 때 "선지식으로서 한로축괴와 같은 말씀은 안 하셔야 합니다." 했어야 했다.

두 분이 다하지 못함을
만세에 지적해 보이리라
포대 화상 밝은 웃음 좋구나

546칙 이에 즉한 보고 들음

 본 칙

장주 삼평 의충 선사가 다음과 같이 송했다.

이에 즉한 보고 들음은 보고 들음이 아니어서
소리니 색이니도 군에게 드릴 것 없네
이 가운데 온전히 일 없음을 깨달아 마치면
체니 용이니, 나뉘니 나뉨 없느니 상관없네

漳州三平義忠禪師 偈云
卽此見聞非見聞
無餘聲色可呈君
箇中若了全無事
體用無妨分不分

ↂ 운문언 선사가 말하였다.

'이에 즉한 보고 들음은 보고 들음이 아니라.' 하나 무엇을 가지고 견문이라 하는가?

'소리니 색이니도 군에게 드릴 것 없다.' 하나 무슨 소리니 색이니를 말하는가?

'온전히 일 없음을 깨달아 마친다.' 하니 무슨 일인가?

'체니 용이니, 나뉘니 나뉨 없느니 상관없다.' 하나 말이 본체요, 본체가 말이니라.

(다시 주장자를 일으켜 세우고)

주장자여, 본체요, 등롱이여, 용이니 이는 나눈 것인가, 나누지 않은 것인가? 보지 못했는가?

일체가 지혜요, 지혜인 청정함이니라.

雲門偃 擧卽此見聞 非見聞 師云 喚什麼 作見聞 無餘聲色 可呈君 師云 有什麼口頭聲色 介中 若了全無事 師云 有什麼事 體用無妨分不分 師云 語是體 體是語 復拈起柱杖云 柱杖 是體 燈籠 是用 是分不分 不見道 一切智 智清淨

☁ 황룡심 선사가 이 칙을 들고 말하였다.

만일 나뉜다면 주인은 주인이요 손은 손이거니와, 만일 나뉨이 없다면 주인이 곧 손이요 손이 곧 주인이다.

감히 대중에게 묻노니, 그 일을 어떻게 깨닫겠는가?

화살이 붉은 해의 그림자를 꿰뚫으니 반드시 독수리 쏘아 맞춘 사람이니라.

黃龍心 拈 若分去 主卽是主 賓卽是賓 若不分去 主卽是賓 賓卽是主 敢問 箇中事 作麽生了 箭穿紅日影 須是射鵰人

ꕤ 보녕용 선사가 상당하여 이 칙을 들고 말하였다.

보녕이 어떤 때엔 주장자로 본체를 삼고, 어떤 때엔 주장자로써 용을 삼는다.

주장자로 본체를 삼을 때엔 천지가 조용하고 세계가 평온하다.

주장자로 용을 삼을 때엔 가을의 단풍, 겨울의 조락과 봄의 움틈, 여름의 무성함이니라.

듣지 못했는가?

본체가 용에 있어 일치하고, 용이 본체에 있어 일치하여 본체가 용과 나뉨없고 용이 본체와 나뉨이 없다 했느니라.

(주장자를 선상 위에 가로로 놓고)

말해보라. 이것이 본체인가? 이것이 용인가? 만일 제방에 가거든 보녕이 왕의 의자에 있다고도 이르지 말라.

保寧勇 上堂擧此話云 保寧 有時 以柱杖子 作體 有時 以柱杖子 作用 柱杖子作體也 乾坤 寂你 世界坦然 柱杖子作用也 秋變冬凋 春生夏長 不見道 體中有用 用中有體 體不離用 用不離體 以柱杖 橫按禪床云 且道 是體 是用 若到諸方 不得道保寧 四稜榻地

☁ 백운단 선사가 대중에게 보이고, 운문 선사가 이 칙을 들어 말한 것을 들고 말하였다.

대중들이여, 운문 선사는 단지 본을 의지해서 초승달을 그릴 뿐이거니와 나는 그렇게 하지 않으리라. '이에 즉한 보고 들음은 보고 들음이 아니어서 소리니 색이니도 군에게 드릴 것 없다.' 하지만 눈이 곧 봄이요 귀가 곧 들음이다.

'이 가운데 온전히 일 없음을 깨달아 마치면 체니 용이니, 나뉘니 나뉨 없느니 상관없다.' 하나 사오백 가지의 붉은 꽃과 푸른 버들이 아름다운 마을이요, 이삼천 군데의 피리 불고 비파 뜯는 누각이니라.

白雲端 示衆 擧雲門拈云 大衆 雲門 只解依樣畵蛾眉 園通 卽不然 卽此見聞 非見聞 無餘聲色 可呈君 眼是眼 耳是耳 箇中 若了全無事 體用無妨分不分 四五百條花柳巷 二三千處管絃樓

ꩰ 불안원 선사가 상당하여 말하였다.

'이에 즉한 보고 들음은 보고 들음 아니라' 하니 흙을 주물러서 향을 만드는구나.
'소리니 색이니도 군에게 드릴 것 없다.' 하니 사람이 옛을 생각케 하는구나.
'이 가운데 온전히 일 없음을 깨달아 마친다.' 하니 대중들을 불러 '선 자리라고 해도 위태롭다.' 하리라.
'체니 용이니, 나뉘니 나뉨 없느니 상관없다.' 하니 순당하면서 보아 취하라.
(자리에서 내리다)
(대중들이 순당을 마치고 돌아오니 다시 대중들에게 말하기를)
아는 이가 있는가?
(또 말하기를)
알았는가?
(대중들이 말이 없자 말하기를)
바보야! 바보야!

佛眼遠 上堂擧 卽此見聞 非見聞 師云 捻土爲香 無餘聲色 可呈君 師云人思舊念 介中 若了全無事 師召大衆云 立處孤危 體用無妨分不

分 師云 巡堂看取 下座 衆巡堂了 復謂衆曰 有人會得麽 又曰 會得麽 衆 無對 師云 癡漢癡漢

ᔕ 운문고 선사가 이 칙을 들고 말하였다.

만일 나뉜다고 할지라도
비가 내리면 땅이 젖고, 날씨가 맑으면 해가 드러나며, 작은 달은 29일이요, 큰 달은 30일이니라.
만일 나뉨이 없다 할지라도
금강신과 토지신이 등을 문질러서 한 번 흔드니 뼈가 드러났다.

雲門杲 擧此話云 若也分去 雨下地上濕 天晴日頭出 小盡 二十九 大盡 三十日 若也不分 金剛與土地 揩背一捺骨出

 대원 문재현은 이 칙을 모두 듣고나서 이르노라.

장주의 말씀이 옳기는 옳으나 도합 사십방망이를 면키 어렵구나.

한강변 꽃밭은 수놓은 듯
하늘에 흰 구름은 배 떠가듯
초가을 강변놀이 좋구나

무슨 소리냐고?
한강의 다리도 이르네.

547칙 주장자를 던져버리고 방장으로 돌아가다

본 칙

삼평 선사가 어느 날 자리에 오르니 어떤 도사가 나서서 동쪽에서 서쪽으로 지나가고, 어떤 선승은 서쪽에서 동쪽으로 지나가자 삼평 선사가 말하였다.

"아까 나온 도사는 견처가 있지만 선승은 견처가 없다."

이에 도사가 절을 하고 말하였다.

"스님께서 잘 인도해 주셔서 고맙습니다."

삼평 선사가 때렸다.

그 선승이 나서서 절을 하고 말하였다.

"스님께서 가리켜 보여 주십시오."

삼평 선사가 또 때렸다. 그리고는 다시 대중에게 말하였다.

"이 두 공안을 어떻게 결단을 내리겠는가? 누군가가 결단을 하겠는가?"

이렇게 세 번 물어도 대답하는 이가 없자 삼평 선사가 말하였다.

"아무도 결단하지 못한다면 노승이 결단하리라."

주장자를 던져버리고 방장으로 돌아갔다.

三平 一日 陞座 有一道士出衆 從東過西 又一僧 從西過東 師云 適來箇道士 却有見處 師僧 未在 道士 出作禮云 謝師接引 師便打 僧出作禮云 乞師指示 師亦打 復謂衆云 此兩件公案 作麼生斷 還有人斷得麽 如是三問 無對 師云 旣無人斷得 老僧 爲斷去也 乃擲下柱杖歸方丈

ര 대위철 선사가 말하였다.

만일 삼평 노장이 아니었더라면 거의 도리로 결단할 뻔하였다. 보지 못했는가? 석공 선사가 "30년에 한 활과 두 개의 화살로 겨우 반 개의 성인을 맞췄다." 했으니 과연 옳은 말이로다.

大潙喆 云 若不是三平老漢 幾乎作道理斷却 不見 石鞏 道 三十年一張弓兩隻箭 只射得半箇聖人 果然

 대원 문재현은 이 칙을 모두 듣고나서 이르노라.

당시에 "두 사람 모두 무슨 짓인가?" 하여 그들의 그릇됨을 따라서 이끄는 방편을 썼더라면 그 자리에서 그 두 분 모두 눈을 뜨게 할 수도 있었을 것을 견처가 있느니 없느니 하였구나.

그러나 이 삼평 노장 결단을 알고 싶은가?

석양빛 물이든 걸망에
산승은 산마루에 오르고

볏단을 짊어진 농부는
마을 앞 다리 위를 지나는데

물동이 낀 처녀 따른 백구는
볏단 진 농부를 반겨 맞네

548칙 일상의 활동

 본 칙

마협산 본공 화상이 대중에게 보이고 말하였다.

"일상의 활동이 본래의 조사들과 부합되겠는가? 만일 부합된다면 십이시 가운데 헛되이 버릴 도리가 없겠지만 만일 부합되지 않는다면 차나 마시라는 화두말씀도 으레 차 마시는 이야기로 여기고 말게 되리라."

어떤 선승이 얼른 물었다.

"어찌해야 차 이야기나 이루는 것이 아니겠습니까?"

이에 본공 선사가 말하였다.

"그대는 입을 아는가?"

선승이 물었다.

"어떤 것이 입입니까?"

본공 선사가 말하였다.

"양 입술도 모르는구나."

선승이 다시 물었다.

"어떤 것이 본래의 조사입니까?"

본공 선사가 말하였다.

“대중 앞이니라. 아버지를 끌어들이거나 어머니를 의지할 것도 없느니라.”

선승이 말하였다.

“대중들이 기뻐합니다.”

본공 선사가 말하였다.

“그대는 시험삼아 대중들이 성품을 보았는가 점검해보라.”

선승이 절을 하자 본공 선사가 말하였다.

“그대는 때때로 한 성품에 일체의 성품이 있다 하였지?”

선승이 입을 열려 하는 순간에 본공 선사가 말하였다.

“평생 동안 행각한 안목을 저버리려 하는구나.”

馬頰山本空和尙 示衆云 秖者施爲動轉 還合得本來祖翁麽 若合得十二時中 無虛弃底道理 若合不得 喫茶說話 往往喚作茶話在 僧 便問 如何得不成茶話去 師云 你識得口也未 僧云 如何是口 師云 兩片皮 也不識 僧 又問 如何是本來祖師翁 師云 大衆前 不要牽爺恃孃 僧云 大衆 忻然去也 師云 你試點大衆性看 僧 作禮 師云 伊往往 道一性一切性在 僧 欲進語 師云 辜負平生行脚眼

ⓒ 대홍은 선사가 이 칙을 들고 말하였다.

알량한 본공 선사가 이야기를 두 쪽 냈구나.

출가한 이가 대중을 대하고도 아버지를 끌어들이고, 어머니를 의지한다 하니 무슨 까닭인가?

차나 마시라는 화두 말씀을 단지 차 먹는 이야기라 한다고 해서 무슨 허물이 있겠는가?

양 입술을 아느니, 모르느니 어찌 생각에 머무를 것인가. 행각의 안목을 갖춘 이는 가려내보라.

大洪恩 拈 大小本空 話作兩橛 出家兒 着什來由 對衆牽爺恃孃 喫茶說話 但喚作茶話 有什麽過 兩片皮識與不識 何足介懷 具行脚眼 試請辨看

 대원 문재현은 이 칙을 모두 듣고나서 이르노라.

동산 선사 스승의 재일날, 어느 선승이 "옛날 선사께서 '백 년 후 스승의 진면목을 물으면 무어라 할까요?'라고 묻자 말없이 계시다가 '다만 이뿐이니라.' 하셨다는데 알고 하신 말씀일까요?" 하자 동산 선사가 "어찌 몰랐던들 그런 말씀을 하셨겠는가?" 하고 한참 있다 또 "어찌 알았던들 그런 말씀을 하셨겠는가?" 한 말이 생각나게 하는 본공 화상이구나.

그러나 어쩌랴. 처음부터 끝까지 잘 했으나 어떤 사람의 비웃음은 면키 어려우니.

삼삼은 뒤집어도 아홉이고
이이도 그 역시 넷이며
일일 역시 그래서 하나니라

549칙 심요(心要)

 본 칙

예주 용담 숭신 선사가 어느 날 천황 선사에게 물었다.

"제가 여기에 온 이래, 아직껏 화상께서 심요를 가리켜 보여주심을 받은 적이 없습니다."

천황 선사가 대답하였다.

"내가 일찍이 그대가 온 이래로 그대에게 심요를 가리켜 보여주지 않은 적이 없느니라."

용담 선사가 물었다.

"어디가 보이고 일러주신 경지입니까?"

천황 선사가 말하였다.

"그대가 차를 들고 오면 내가 마셨고, 그대가 밥을 가져오면 내가 받아먹었고, 그대가 인사를 하면 내가 손을 들었다. 어디가 심요를 보여주지 않은 곳인가?"

용담 선사가 우두커니 생각하는 동안에 천황 선사가 말하였다.

"볼려면 당장 볼 것이요, 헤아려 생각하면 곧바로 어긋나느니라."

용담 선사는 당장에 깨달았다.

그리고는 다시 물었다.

"어떻게 보림하리까?"

천황 선사가 말하하였다.

"성품에 맡기어 소요하고 인연을 따라 밝게 펴라. 다만 범부의 망정을 다할지언정 별달리 성현의 견해랄 것도 없느니라."

澧州龍潭崇信禪師 一日 問天皇曰 某自到來 不蒙和尙指示心要 皇曰 汝自到來 吾未嘗不指示汝心要 師云 何處指示 皇云 汝擎茶來 吾爲汝接 汝行食來 吾爲汝受 汝和南時 吾便擧手 何處不示汝心要 師佇思間 皇曰 見卽直下便見 擬思卽差 師當下有省 乃復問 如何保任 皇曰 任性逍遙 隨緣放曠 但盡凡心 別無聖解

ꕤ 법진일 선사 송

용담이 지난 날에 천황을 뵈올 적에
심요의 법문을 숨겨 감춤 없었네
하루 중 언제나 설하여 주었건만
기틀에 임해줌을 스스로 깨닫지 못했네

法眞一 頌
龍潭昔日見天皇
心要法門無隱藏
二六時中常爲說
臨機自是不承當

 대원 문재현은 이 칙을 모두 들고나서 이르노라.

거룩한 선사이시여, 천황 선사 일상의 설법이 어찌 무정들의 항상하는 설법에만 비기랴.

어느 때건 심요가 아니던가?
초목과 흙돌과 강물이며
하늘과 해와 달, 별들일세

550칙 흑풍(黑風)

 본 칙

우적 상공이 양양으로 부임하였을 때, 형벌이 참혹하고 독해서 범하는 자는 모두 죽였다. 그가 관음경을 읽다가 의심나는 곳이 있어서 자옥 통 선사를 찾아가서 물었다.

"어떤 것이 흑풍이 그 배에 불어 회오리바람에 나찰귀신의 국토로 떨어지는 것입니까?"

자옥 선사가 막는 어조로 말하였다.

"우적 고용인아, 그런 것은 무엇하러 묻는가?"

우적이 듣고 크게 성을 내거늘 자옥 선사가 말하였다.

"그것이 바로 흑풍이 그 배에 불어 회오리바람에 나찰귀신의 국토로 떨어지는 것이니라."

우적이 깨친 바가 있었다.

于迪相公 出鎭襄陽 酷刑 慘毒 忤者 皆殺之 因讀觀音經 有疑處 一日 訪紫玉通禪師 乃問云 如何是黑風 吹其舡舫 飄墮羅刹鬼國 玉 乃

抗聲云 于迪客作漢 你問恁麽事作麽 迪 聞之大怒 玉 乃云 只者便是 黑風吹其舡舫 飄墮羅刹鬼國 迪 因而有省

ꩠ 원오근 선사가 이 칙을 들고 말하였다.

그대들 말해보라. 그가 그렇게 물었거늘 자옥 선사는 어째서 그렇게 대답했을까? 이는 그의 근본 무명을 일으켜 현전하게 해서 당장 그에게 가리켜 낸 것이니, 좋은 솜씨라 해도 무방하다.

그러나 만약 당시가 아니라면, 뒤의 말을 붙여 약해지지 말고 그를 따라서 둘을 지은 것을 베어버렸어야 도리어 납승이 조금 숨쉴 수 있게 되고 그를 점검하여 파하는 데에 이르렀을 것이나 사람에 따라 어루만진 것이니라.

대체로 사람을 제접하는 데는 세 종류가 있으니 만일 제일가는 근기의 사람을 제접한다면 다만 그에게 "우적 고용인아, 그런 것은 무엇하러 묻는가?" 하기만 하고 다시는 다른 방편이 없이 오직 의리로 따지는 이야기가 없어야 한다. 만일 이것을 당장 깨달아 다시 더 망설이지 않는다면 곧 뜰 앞의 잣나무 화두나, 삼 서 근이나, 한 입에 서강 물을 다 마시는 화두와 조금도 차별이 없으리라.

그러므로 "(화두를 바로 보여서) 들어도 돌아보지 못하면 곧 어긋나니 헤아려 사량한다면 어느 겁에 깨달으랴." 하였으니 오직 그로 하여금 맞닥뜨려 깨닫게 가르치기를 요할 뿐이다.

제 이의 근기인 사람을 제접할 때는 다르니라. 다만 질문을 해올 때 말하기를 "우적 고용인아, 그런 것은 무엇하러 묻는가?" 하여 그의 근본 무명을 일으켜 그 무명이 현전하게 한 뒤에 당장에 점검해 깨뜨리는 것이니라.

제 삼의 근기의 사람을 제접할 때는 진흙이나 물속에 들어가는 것을 면할 수 없다. 거듭거듭 주를 내어야 하니 "우적 고용인아, 흑풍이 그 배에 분 것이다." 하고 우적이 크게 성을 내자 "이것이 나찰이 나타난 것이다."라고 말한 것과 같으니라.

자옥 선사가 말하기를 바로 흑풍이 배에 분 것이라고 했을 때 이 어찌 관음보살이 나타난 것이 아니랴만, 이것은 풀 속에 떨어진 주해여서 사람들의 안목을 해치고 호랑이의 종족을 파멸시키는 것이니라.

만일 진정한 납자라면 바로 끊을 줄 알아야 하는 것이니, 어찌 듣지 못했는가? '다만 활구만을 참구할지언정 사구는 참구하지 말라.' 했다. '활구에서 깨달아야 불조의 스승이 된다.'라고 했다.

圜悟勤 擧此話云 你且道 他恁麼問 紫玉 何故 恁麼答他 此乃發他根本無明現前 隨手爲伊指出 不妨好手 然 不若當時 不消着後語 從他斫作兩段 却有些衲僧氣息 及乎爲他點破 也是順手摩挲 大凡接人有三種機 若是第一機爲人 只消向他道 于迪客作漢 你問恁麼事作麼 更無方便 只是沒義理難話會 若於此 直下承當去 更不擬議則與栢樹子麻三斤 一口吸盡西江水 更無差別 所以道 擧不顧卽差至 擬思量何劫悟 只要教你當頭領得去 若是第二機爲人則易也 只是發起問端 如道于迪客作漢 你問恁麼事作麼 此乃發他根本無明 令他無明現前 隨

手點破 若是第三機爲人 不免入泥入水 重下箇注脚 如云干迪客作漢 便是放却黑風 吹其船舫 干迪 忽作怒 便是羅刹 現前 玉云 正是黑風 吹其舡舫 豈不是觀音出現 此是落草注解 瞎人眼目 破滅胡種 若是眞 正衲僧 直須撥却 豈不見道 但叅活句 不叅死句 活句上 薦得 與祖佛 爲師

 대원 문재현은 이 칙을 모두 듣고나서 이르노라.

당시에 이 사람이라면 한 할을 하고 좀 있다가 "살피고 살펴라." 했을 것이다.

귀먹은 이라야 흑풍소리 바로 보고
눈먼 이라야 나찰 모습 바로 보네
흑풍 나찰 우적을 한 화살로 쏘았다

551칙 불법의 지극한 이치

 본 칙

우적 상공이 자옥 선사에게 물었다.

"불법의 지극한 이치에 대해 선사께서 한 말씀 해주시기를 빕니다."

자옥 선사가 말하였다.

"상공이여, 불법의 지극한 이치라는 경의를 표하는 뜻마저 버려야 합니다."

상공이 말하였다.

"화상께서 경의를 표하는 뜻마저 버려주십시오."

자옥 선사가 말하였다.

"처음부터 다시 물으시오."

상공이 말하였다.

"어떤 것이 부처입니까?"

자옥 선사가 불렀다.

"상공이시여!"

상공이 대답하자 자옥 선사가 말하였다.

"다른 것을 구하지 마십시오."

나중에 약산 선사가 이 이야기를 듣고 말하였다.

"아깝다. 가엾은 상공이 자옥산 밑에 생매장을 당했구나."

상공이 이 말을 듣고 우정 약산 선사를 방문하여 물었다.

"어떤 것이 부처입니까?"

약산 선사가 말하였다.

"상공이여!"

상공이 대답을 하자 약산 선사가 말하였다.

"이게 무엇인가?"

상공이 이에 깨쳤다.

于迪相公 問紫玉 佛法至理 乞師一言 玉曰 相公 佛法至理 須去其情禮 公云 便請和尚 去其情禮 玉曰 便請問來 公云 如何是佛 師召相公 公 應諾 師曰 更莫別求 藥山 後聞此語曰 噫 可惜于相公 生埋向紫玉山下 相公 聞得 特訪藥山 乃問 如何是佛 山召云相公 公應諾 山曰 是什麽 公 於此有省

○ 초경 선사와 나산 선사의 문답

초경 선사가 나산 선사와 함께 이 이야기를 하던 끝에 말하였다.

"약산 선사의 일등의 이 방편이 매우 기특하나 하늘과 땅의 간격이 있다."

나산 선사가 말하였다.

"스님은 급히 서두르지 마시오. 그때 상공을 만난 것이 다행이었습니다. 만일 풀밭에서 꼬리가 탄 범을 만났더라면 어디에 약산 선사가 있었겠습니까?"

이에 초경 선사가 말하였다.

"무슨 소리요?"

나산 선사가 말하였다.

"우적 상공이 도리어 단련된 금임을 아십니까?"

招慶 共羅山擧次 慶曰 藥山一等是道 甚是奇特 雲泥有隔 羅山 云大師 也不得草草 當時 賴遇于相公 可中草窠裏 若撥着箇焦尾大蟲何處 有藥山也 慶曰作麽生 羅山 曰 還知干相公 是鍛了金麽

☁ 육왕심 선사가 이 칙을 들고 말하였다.

여기서 보았으면 백의로서 재상에 임명되어 지존을 친견한 것이 되겠지만, 그렇지 못했다면 천고의 유현들이 깨달아 통달한 뜻을 누구에게 전할 것인가.
(이는 자옥 선사와의 인연만을 든 것이다.)

育王諶 擧此話云 這裏見得 白衣拜相 親面至尊 其或不然 千古儒賢亨會意 却將分付與何人 (此錄只擧 紫玉因緣)

 대원 문재현은 이 칙을 모두 듣고나서 이르노라.

불법의 지극한 이치를 말씀해 주십사 할 때 "참!" 했으면 될 것을 구구하기도 했으니 그럴 수밖에….

불법의 지극한 이치를
산천은 푸르름으로 설하고
꽃들은 각 색으로 설하네

552칙 한 손가락

 본 칙

무주 금화산 구지 화상은 누구나 따져 묻는 이가 있으면 오직 한 손가락을 세울 뿐이었다. 운명하려 할 때에 대중에게 말하였다.

"내가 천룡 선사에게서 한 손가락 선[一指頭禪]을 얻어, 평생 동안 써도 다함이 없었느니라."

이르고 나서 열반을 보였다.

務州金華山俱胝和尚 凡有詰問 只竪一指 師將順世 謂衆曰 吾得天龍一指頭禪 一生用不盡 言訖示滅

☁ 설두현 선사 송

깊이 사랑하여 드러내 보이신 구지 노인이여!
우주가 공했거늘 다시 누가 있으랴만
일찍이 바다에 나무토막 띄워서
밤 파도에서 눈먼 거북과 서로 만나게 했다네

雪竇顯 頌
對揚深愛老俱胝
宇宙空來更有誰
曾何滄溟下浮木
夜濤相共接盲龜

☁ 흥교수 선사 송

구지가 한 손가락을 세움이여!
득실과 시비를 단박에 쫓아버렸네
만 가지 법, 모두가 참인 것을 진실로 밝혔으니
많이 들었던 기록들 부질없이 머무름만 더한 걸세

興敎壽 頌
俱胝竪起手指
得失是非頓祛
苟明萬法全眞
但益足記多擧

ꕤ 낭야각 선사 송

구지의 한 손가락을 그대가 알도록 전해줄까
갓 낳은 새매가 하늘을 치며 난다
솥을 들 듯 산을 뽑는 힘이 아니면
천 리 뛰는 오추마[3]를 타기 어렵다

瑯琊覺 頌
俱胝一指報君知
朝生鷂子摶天飛
若無擧鼎拔山力
千里烏騅不易騎

3) 오추마(烏騅馬) : 항우의 애마.

☁ 천동각 선사 송

구지 노인의 한 손가락끝 선
30년 쓰고 또 써도 다함이 없었네
도인의 방소 밖의 말을 믿음이 있으면
눈앞에 볼, 속된 물건 없음을 깨달았으리
얻은 바 심히 간결한데
베풀어 설함 가없이 넓고 넓네
대천세계의 바닷물 털끝에 넣음이여
한없는 기린과 용, 뉘 손에 있겠는가

진중[4]. 낚싯대 잡는 것을 그대에게 맡기네
(다시 한 손가락을 세우고)
보라!

天童覺 頌
俱胝老子指頭禪
三十年來用不殘

---

4) 진중(珍重) : 서로 헤어질 때나 편지의 마지막에 하는 인사말. 소중히 여기라, 잘 보존하라는 뜻.

信有道人方外逑

了無俗物眼前看

所得甚簡

施設彌寬

大千刹海飮毛端

鱗龍無限落誰手

珍重任公把釣竿 師復竪一指云 看

☁ 숭승공 선사 송

일찍부터 암자에 산 일, 옛 사람과 같으니
구지 화상 굽혀서 공을 베푼다는 것이 우습구나
비구니의 격동시켜 일으킴이 없었다면
뒷날에 그 손가락 끝에서 어떻게 천룡 선사를 만났을까만…

(좋은 일도 없는 것만 못하다)

崇勝珙 頌
住庵大早古人同
堪笑俱胝枉用功
不得尼師激發處
指頭何日遇天龍
(好事不如無)

🙞 숭승공 선사가 다시 송하였다.

한 손가락, 평생 동안 써도 다함이 없었다 했지만
천룡 선사에서 나온 것이 술찌꺼기 같음을 누가 알리
뒷사람들 입을 모으고 머리를 모아 맛보지만
꿈중의 취기에 취한 바임을 알지 못하네

又頌
一指一生用不盡
誰知糟粕出天龍
後人聚口攢頭味
不覺醺醺醉夢中

🙞 불안원 선사 송

큰 종사 스님 손가락을 세워서
평생 동안 사용함 최상의 풍류로다
현사가 꺾어버리겠다고 한 일, 아는 이 없음이여
해가 가고 올수록 바람소리 차구나

佛眼遠 頌
老大宗師竪指頭
一生用得最風流
玄沙拗折無人會
年來年去冷颼颼

ꩠ 지비자 선사 송

구지 들어보인 도리를
먼저 깨달은 것인가, 나중에 깨달은 것인가
동자의 손가락은
작용을 따르다가 칼날에 떨어졌네
눈물을 거두고 부르자 돌아봄이여
안과 밖에서 함께 쪼아 깨듯 했네[5)]

知非子 頌
俱胝擧示
先覺後覺
童子之指
隨機刃落
收淚呼回
如啐如啄

5) 원문에 줄탁(啐啄)이라고 되어있는데, 이는 병아리가 알에서 부화할 때 안에서 빨고, 암탉이 밖에서 쪼는 것을 말한다.

☁ 남악 서원장 선사의 문답

서원 선사가 손수 목욕물을 데우니, 어떤 선승이 물었다.

"화상께선 어째서 사미 아이들을 시키시지 않고 손수 이렇게 물을 데우십니까?"

서원 선사가 손바닥을 세 차례 비볐다.

나중에 그 선승이 조산 선사에게 이야기했더니 조산 선사가 말하였다.

"박수를 치거나 손바닥을 부비는 것이 가장 으뜸인데 그 가운데서도 서원 선사는 매우 기이하도다. 구지 선사의 한 손가락 선은 견주어보면 깨달은 곳이 자세하지 않으니라."

(어떤 책에는 "면밀하지 못하다." 했다.)

그 선승이 다시 조산 선사에게 물었다.

"서원 선사께서 손을 부빈 일인들 어찌 종이나 하인들의 짓이 아니겠습니까?"

조산 선사가 말하였다.

"그러니라."

선승이 다시 물었다.

"초월했다 함마저 서지 않음에도 다시 일이 있습니까?"

조산 선사가 대답하였다.

"있느니라."

선승이 물었다.

"어떤 것이 초월했다 함마저 서지 않음에서의 일입니까?"

조산 선사가 꾸짖으면서 말하였다.

"이 종놈아!"

현각 선사가 말하였다.

"말해보라. 구지 선사가 깨달았는가, 깨닫지 못했는가? 만일 깨달았다면 어째서 '깨달은 곳이 자세하지 못하다.' 했겠는가? 만일 깨닫지 못했다면 '한 손가락 선을 평생 동안 써도 다함이 없었다.' 하였으니 어찌하랴. 말해보라. 조산 선사의 뜻이 어디에 있는가?"

南嶽西園藏禪師 因自燒浴 僧問 和尙 不使沙彌童行 何得自燒浴 師拊掌三下 後僧 擧似曹山 山云 一等是拍手拊掌 就中西園 奇怪 俱胝一指頭禪 蓋爲承當處不諦 (一本云 莽鹵) 僧 却問曹山 西園拊掌 豈不是奴兒婢子邊事 山云 是 僧云 向上 更有事也無 山云 有 云如何是向上事 山 叱云 這奴兒婢子 玄覺 云 且道 俱胝 還悟也未 若悟爲什麽道承當處莽鹵 若不悟 又道用一指頭禪不盡 且道 曹山意旨在什麽處

ᨏ 장경능 선사가 대중들을 대신하여 말하였다.

맛난 음식이라도 배부른 사람이 먹는 데에는 맞지 않느니라.

長慶稜 代衆云 美食 不中飽人喫

ᔓ 현사 선사가 말하였다.

내가 그때 봤더라면 손가락을 꺾어버렸을 것이다.

玄沙 云 我當時 若見 拗折指頭

ᔕ 현각 선사가 말하였다.

말해보라. 현사 선사가 그렇게 말한 뜻이 무엇인가?

玄覺 云 且道 玄沙恁麽道意作麽生

ᦂ 운거석 선사가 말하였다.

현사 선사의 그런 말이 그를 긍정한 것인가, 긍정하지 않은 것인가? 긍정했다면 어째서 손가락을 꺾는다 했으며, 긍정하지 않았다면 구지 선사의 허물이 어디에 있는가?

雲居錫 云 只如玄沙恁麼道 肯伊 不肯伊 若肯 何言拗折指頭 若不肯 俱胝過在什麼處

☁ 설두현 선사가 말하였다.

원명 선사가 대중에게 보이고 말하기를 "구지 선사가 문답할 때엔 오직 한 손가락만을 세웠으니, 추우면 온 천지가 춥다." 하였는데 어느 곳에서 구지 노장님을 보겠는가?

그는 또 "더우면 온 천지가 덥다." 했으니 저울눈을 잘못 알지 말라.

삼라만상이라지만 아래를 뚫어서는 의지할 것 없는 홀로이며, 산하대지라지만 위를 꿰뚫어서는 더없이 험하도다.

어디서 한 손가락 선을 얻겠는가.

雪竇顯 擧圓明示衆云 俱胝和尙 但有問答 只竪一指頭 寒則普天普地寒 師云 甚麽處 見俱胝老 熱則普天普地熱 師云 莫錯認定盤星 森羅萬象 徹下孤危 大地山河 通上險絶 甚麽處 得一指頭禪

☁ 운문고 선사가 착어하였다.

'존귀한 사람이라 하면 잊을 것이 많은 것이다.'라고 했느니라.

雲門杲 着語云 可謂是貴人多忘

ↀ 설봉요 선사가, 구지 선사가 임종하기 직전에 대중에게 보이기를 "내가 천룡 선사에게서 한 손가락 선을 얻어 평생 동안 써도 다함이 없었다." 한 것을 들고 말하였다.

대중들이여, 알고자 하는가? 손가락을 세우고는 당장에 열반했느니라.

나중에 어떤 선승이 백운에게 "구지 선사가 아무 것도 모르고, 단지 손가락 세우는 선만을 알았으나 열반은 통쾌하게 했습니다. 요즘 사람들은 뱃속에 선법이 가득하지만, 어째서 죽을 때엔 무수히 고생이 많고 열반을 얻지 못합니까?" 하자 백운이 "열반을 얻지 못했다면 옳은 것이 아니니 도리어 선에 머물러 지체된 것이다." 하였으니 집안을 망치는 현령이며, 가문을 멸하는 자사니라.

만일 앓는데 독한 손길을 쓰지 않으면 재채기·기침·콧물·가래가 나리라. 어찌 구지 노인이 허공에 꽉 찬 것인들 보리오.

雪峰了 擧俱胝和尙 臨遷化示衆云 我在天龍處 得一指頭禪 一生受用不盡 師云 大衆 要會麽 竪起指頭 便脫化 後有僧 問白雲 俱胝 百無所解 只會竪介指頭 死得甚快 今時人 滿肚是禪 何故 臨行辛苦多去不得 雲曰 不是去不得 却被禪留住 師云 破家縣令 滅門刺史 若不痛下毒手 謦咳涕唾 爭見俱胝老子 逼塞虛空

☁ 원오근 선사가 이 칙을 들고 말하였다.

구지 선사가 항상 선승이 오는 것을 보고, 질문에 대답을 하게 되면 오직 한 손가락을 세웠으니 어찌 위로 통하고 아래로 꿰뚫어 의심할 것 없는 경지에 계합해서 증득케 함이 아니겠는가.

병이 나은 이는 나귀를 빌려 약을 쫓을 것도 없거늘 후세 사람들이 내막도 알지 못하고 때마다 모두 손가락만을 세워서 검고 흰 것도 구분하지 못하면서 사람을 속이는 것이 마치 제호를 가지고 독약을 만드는 것 같으니 진실로 가엾은 일이로다.

만일 확실히 바닥까지 보아 통했다면 비로소 정중할 줄 알아서 끝내 함부로 하지 않으리라. 이른바 천 균의 쇠뇌를 생쥐를 쏘는 데 쓰지 않는다 했으니 그러기에 정수리의 눈을 갖춘 이라야 비로소 들어가게 할 수 있느니라.

나중에 조산 선사가 구지 선사의 깨달은 경지가 면밀하지 못하다 했으니 그는 단지 한 기틀, 한 경계만을 알았을 뿐이다. 소경이 머뭇거리며 어루만지듯 말을 따라 알음알이를 내어서 곧장 구지를 억눌러 그렇게 이른 것이 사실이라고 생각하나, 마치 바닥까지 언 얼음을 뜨거운 벽돌로 치는 꼴과 같은 줄은 전혀 몰랐도다.

여기에 이르러서는 반드시 자세히 하여 행여라도 속지 말라. 구지 선사가 열반하려 할 때에 스스로가 "천룡 선사에게서 한 손가락 선을 얻어 평생 동안 써도 다함이 없었다." 하였으니 이 어찌 공연한 말이겠는가.

圜悟勤 擧此話云 俱胝凡見僧來 及答問 唯竪一指 盖通上徹下 契證無疑 差病 不假驢馳藥也 後代不諳來脈 隨例竪介指頭 謾人不分皀白 大似將醍醐 作毒藥 良可憐愍 若是眞的見透底 始知鄭重 終不將作等閑 所謂千鈞之弩 不爲鼷鼠而發機 是故 須具頂顙上眼 方可入作 后來曹山 云 俱胝承當處 莽鹵 只認得一機一境 有般拍盲底 隨語生解 便抑屈 俱胝 以謂實然 殊不知焦塼打着連底凍 到這裏 直須子細 切忌顢頇 只如俱胝臨遷化去 自云 得天龍一指頭禪 一生受用不盡 豈徒然哉

ᔓ 죽암규 선사가 이 칙을 들고 말하였다.

지혜 없는 사람 앞에서는 말하지 말라. 그대의 머리를 깨뜨리고 이마를 찢기리라.

竹庵珪 拈 無智人前 莫說 打你頭破額裂

ᔓ 육왕심 선사가 상당하여 말하였다.

구지 선사가 한 손가락을 세운 것은 그대들에게 보라는 것인데 만일 보아 얻는다면 비로소 방망이 부리에서 꽃이 핀 줄을 알리라. 투자가 선상에서 내려와 선 것은 다만 그대들에게 알라는 것인데 만일 알아 얻었다 하면 비로소 부처님 얼굴에 새로이 백 가지 추한 꼴을 더함을 알게 되리라.

노조가 사람을 만나면 벽을 향한 것은 다만 그대들을 깨우치려는 것인데 만일 깨침을 얻는다면 비로소 좋은 솜씨로 달밤에 비파를 뜯을 줄 알리라. 육왕이 이렇게 말한 것은 그대들에게 깨달으라는 것인데 만일 깨달으면 처음부터 끝까지 오직 장대 끝에서 하늘을 우러른 마음을 비로소 알리라.

育王諶 上堂云 俱胝竪一指 只要你見 若也見得 方知碓觜 解生花 投子下禪床立 只要你識 若也識得 方知佛面 新添百醜 魯祖逢人面壁 只要你分曉 若也分曉得 方知有手 只可月下弄琵琶 育王與麽說 只要你悟 若也悟得 方知從頭至尾 只是介幡竿頭上仰天心

ꕤ 경산고 선사가 상당하여, 구지 선사가 들어보이기를 항상 누구라도 와서 물으면 한 손가락을 세웠고 또 스스로 뽐내어 이르기를 "내가 천룡 선사에게서 한 손가락 선을 얻어 평생 동안 써도 다함이 없었다." 한 것과, 나중에 낭야 선사가 송하기를 '구지의 한 손가락을 그대가 알도록 전해줄까 (중략) 천 리 뛰는 오추마를 타기 어렵다.' 한 것을 들고 말하였다.

낭야 선사가 출기 이름을 얻지 못했더라면 구지 선사의 그 한 손가락 선이 몇 번이고 덮여 묻혀버릴 뻔하였다.

묘희가 이렇게 들어 이야기한 것도 이미 뒷날에 다시 주를 내는 이가 뒤따르는 것을 면할 수 없다.

다음과 같이 각주하노라.

구지 선사의 한 손가락 선이여
밥을 먹고 배부르면 쉬노라
허리에 십만 관을 차고
학을 타고 양주에 오른다

徑山杲 上堂 擧俱胝和尙 凡有所問 唯竪一指 又自賣弄云 我在天龍處 得一指頭禪 一生受用不盡 後來 瑯琊 有頌云 俱胝一指云云 師云

俱胝和尙 若不得瑯琊 爲伊出氣 幾乎埋沒了遮一指頭禪 妙喜 旣伊麽擧 不免隨後 也有介注脚 俱胝一指頭 喫飯飽方休 腰纏十萬貫 騎鶴上楊州

ᔕ 경산고 선사가 보설에서 다시 말하였다.

(전략) 보지 못했는가? 옛날에 구지 선사가 암자에 있을 때, 어떤 비구니가 삿갓을 쓰고 곧장 달려와서 그의 선상을 한 바퀴 돌고는 말하였다. "바로 이르면 삿갓을 벗으리라." 하거늘 그때 구지 선사가 아무 말도 못하니, 비구니는 소매를 뿌리치면서 떠났다. 이에 구지 선사가 말하였다. "왜 더 쉬었다가 가지 않는가?" 비구니가 말하였다. "바로 이르면 머무르겠소." 하거늘 구지 선사는 또 아무 말도 못했다.

비구니가 떠난 뒤에 구지 선사가 스스로 한탄하기를 "내가 비록 대장부이나 아녀자만도 못하구나." 하고 당장에 암자를 불태우고 산을 떠나려는데 그날 밤 홀연히 꿈속에 신인이 나타나 말하였다. "산을 떠나지 말고 기다리시오. 곧 육신 보살이 오셔서 그대에게 설법해 주실 것입니다." 하였다.

며칠 뒤에 정말로 천룡 선사가 와서 대면하게 되자 구지 선사가 전의 일을 들어 이야기하니 천룡 선사가 말하였다. "나에게 물어라. 내가 대답해 주리라." 하였다. 구지 선사가 "바로 이르면 삿갓을 벗으리다." 하니 천룡 선사가 손가락 하나를 세우거늘 구지 선사가 갑자기 크게 깨달았다.

그런 뒤로는 항상 누가 물으면 한 손가락만을 세우면서 늘 말하였다. "내가 천룡 선사에게서 한 손가락 선을 얻어 평생 동안 써도 다함이 없었다." 하였다.

이에 대해 낭야각 선사가 송하기를 '구지의 한 손가락을 그대가 알도록 전해줄까 (중략) 천 리 뛰는 오추마를 타기 어렵다.' 했는데 그대들은 이 게송을 보라. 한 손가락 선을 옳게 알아 얻었다고 할 것이나 이를 상쾌하고 밝게 어찌 배워 깨달을 것인가.

구지 선사의 곁에서 시봉하는 동자가 하나 있었는데 매양 보기를 다른 일로 사람들이 물어도 손가락 세우기만 하는 것을 배웠다.

어떤 사람이 구지 선사에게 "스님이시여, 저 동자도 깨달은 것이 아닙니까? 그도 불법을 알아서 누구든 그에게 물으면 모두 화상처럼 손가락만 세웁니다." 하였다.

구지 선사가 이 말을 듣고, 어느 날 몰래 칼 한 자루를 소매에 넣어가지고 동자를 불러서 "가까이 오라. 듣건대 너도 불법을 안다던데 그러한가?" 하자 동자가 "그렇습니다." 하니 구지 선사가 "어떤 것이 불법인가?" 하여 동자가 손가락을 세우려던 차에 구지 선사가 잡아 칼로 끊어버리니 동자가 소리소리 지르면서 달려나갔다.

이에 구지 선사가 동자를 부르니 동자가 고개를 돌리거늘 구지 선사가 물었다. "어떤 것이 불법인가?" 동자가 모르는 결에 손을 들어 손가락을 세우려다가 손가락이 보이지 않자 갑자기 크게 깨달았으니 기묘하도다. 불법은 전할 수도 없고 배울 수도 없는 것임을 분명히 알겠도다.

구지 선사가 얻은 곳이 손가락 끝에 있지 않으며 향엄이 깨달은 곳도 대가 부딪치는 곳에 있지 않으니 (위에서의 이 인연을 이끌어) 말해보라. 어디에 있는가?

일시에 설해 마쳤느니라.

又普說 云云 不見 昔日 俱胝和尙 住庵時 因一尼戴介笠子直來 遶他繩床一匝云 道得則放下笠子 俱胝當時 道不得 尼拂袖便行 俱胝云 何不且住 尼云道得 卽住 俱胝又無語 尼去後 俱胝自歎云 我雖是介丈夫漢 却不如介婦人 便要燒庵下山 忽夜夢 神人曰 和尙 不須下山 且俟 當有肉身大士來 爲和尙說法也

過數日 果見天龍和尙到來 俱胝遂擧前話似之 大龍曰你問我 我與你道 俱胝曰 道得則放下笠子 天龍 竪起一指 俱胝忽然大悟 後 凡有所問 只竪一指 每曰我得天龍一指頭禪 一生受用不盡 瑯琊覺和尙 嘗有頌曰云云 你看這一頌 便是會得這一指頭禪 分曉也這介 如何學得

俱胝身畔 有一供過童子 每見人問他事 也學竪指祇對 有人 謂俱胝曰 和尙 這童子 也不可得 亦會佛法 凡有人 問他 皆如和尙竪指 俱胝聞得 一日 潛將一柄刀 在袖中 喚童子 近前來 聞 你也會佛法 是否 云 是 俱胝曰 如何是佛 童子便竪起指頭 被俱胝捉住 以刀斫斷 童子叫喚走出 俱胝遂喚童子 童子回頭 俱胝曰 如何是佛 童子不覺將手起 不見指頭 忽然大悟 奇哉 信知佛法 不可傳不可學 俱胝得處 不在指頭上 香嚴悟處 不在擊竹邊 (上引此因緣) 且道 在什麽處 一時說了也

ꩶ 송원 선사가 상당하여 이 칙을 들고 말하였다.

말해보라. 어떤 것이 한 손가락 선인가?
(불자를 일으켜 세우고)
보았는가? 만일 보았다면 구지 선사와 손을 맞잡고 같이 다닌다 하겠거니와 그렇지 않다면 신천복이 다시 게송을 말해 주지 않을 수 없다.

한 발 디딤에 한 발 더 높아지고
한 걸음 걸으매 한 걸음 넓어진다
불조의 관문을 까딱 않고 끊음이여
도리어 온 길마저 잊었네

松源 上堂擧此話云 且道 如何是一指頭禪 乃竪起拂子云 見麽 若也見得 可以與俱胝 把手共行 說或未然 新薦福 不免重說偈言
一着高一着
一步闊一步
坐斷佛祖關
迷却來時路

 대원 문재현은 이 칙을 모두 들고나서 이르노라.

기둥을 치는 이의 뜻은 대들보를 울리는 데 있고, 어머님의 말을 거드는 남편의 뜻은 아내를 위하는 데 있다. 알겠는가?

마조의 문득 한 번 밟음이요
조주의 뜰 앞에 잣나무며
임제의 외치는 할이로세

(또 읊기를)

나는 이제 불법을 물어오면
'묻는 동시 답을 듣지 못했는가'
한결같이 이렇게만 하려네

까닭을 물어오면 "이럴 뿐이기에 그렇네." 하리라.

553칙 말산(末山)

본 칙

말산 비구니 요연에게 관계 지한 화상이 물었다.

"어떤 것이 말산입니까?"

요연 비구니가 말하였다.

"정상이 드러나지 않았습니까."

관계 선사가 말하였다.

"어떤 것이 말산의 주인입니까?"

요연 비구니가 대답하였다.

"남자의 모습도 여자의 모습도 아닙니다."

관계 선사가 할을 하면서 말하였다.

"어째서 변화함이 없다고 합니까?"

요연 비구니가 대답하였다.

"귀나 신마저도 아니거늘 변화할 것이 무엇이란 말입니까."

관계 선사가 이 말에 굴복되어 거기서 3년 동안 원두 소임을 보아주었다.

末山尼了然 因灌溪閑和尙問 如何是末山 然云 不頂露 閑云 如何是末山主 然云 非男女相 閑 乃喝云 何不變去 然云 不是神不是鬼 變介什麽 閑 於是 伏膺 作園頭三載

☁ 천동각 선사 송

남녀의 모습도 아니며
유무의 한량도 뛰어났다
만 가지 기틀의 이전까지 꿰뚫었고
욕계 색계 무색계의 위까지 초월했다
드러남에 통하였고 가려냄에 적중함이여
찬 밤에 소나무가 달빛을 머금고
물 불어나는 봄, 개울에 비가 내리네

天童覺 頌
非男女之相
出有無之量
透萬機之前
超三界之上
窮而通簡而當
松含月兮夜寒
溪帶雨而春漲

ᢀ 진정문 선사 송

말산의 구름을 능가하는 정상이 드러나지 않았느냐 함이여
예나 지금이나 높고 높은 산 목전에 있다네
그리고 또 본래부터 남녀의 상 아니라 함이여
관계선사 아니라면 불 속 연꽃임을 가리지 못했으리

眞淨文 頌
末山不露凌雲頂
今古岹嶢在目前
又道本無男女相
非君莫辨火中蓮

◌ 심문분 선사 송

산의 정상이 드러나지 않았는가 함이여
형상이라지만 모습이 있는 것 아니어서
마주 보면서 드러나 있으니 이 무슨 모양인가?
문을 나섰으나 일호도 본 바 없음이여
눈에 가득한 흰구름과 청산일세

心聞賁 頌
山不露頂
形非有相
覿面相呈是何模樣
出門不見一絲毫
滿目白雲與靑嶂

ᗝ 대홍은 선사가 다음과 같이 들고 말하였다.

(관계 선사가 행각을 다닐 때에 말산 비구니 요연의 회상에 가서 먼저 자청하여 "옳게 대하면 머물 것이요, 옳게 대하지 않으면 선상을 밀어 쓰러뜨리겠습니다." 했는데, 요연 비구니가 법상에 오르자 관계 선사가 올라가서 참문하였다.

요연 비구니가 "오늘 어디서 떠났습니까?" 묻자 관계 선사가 "길어귀요." 하자 요연 비구니가 다시 "왜 모두 그치지 못했습니까?" 하니, 관계 선사가 대답을 못하고 절을 하고는 다시 "어떤 것이 말산입니까?" 묻자 요연 비구니가 "정상이 드러나지 않았습니까." 하였으니 이에 관계 선사가 굴복하고, 3년 동안 원두 소임을 보아주기에 이르렀다는 것까지 들고)

(앞의 말에 대신 말하기를)

오래 전부터 말산의 소문을 들었노라.

(나중 말을 대신하여 말하기를)

말산을 다 알아버렸다.

그가 여자이기 때문에 그렇게만 말해두고 다시 그가 어찌하는가를 보다가 만일 그래도 전과 같다면 다시 노파의 모습을 지은 연후 선상을 밀어 쓰러뜨렸어도 늦지 않았을 것이다. 제방에서 혹 그렇지 않다고 여기는 이는 말산의 원두생활을 해야 하리라.

大洪恩 擧灌溪遊方日 至末山尼了然會中 先自云 相當卽住 若不相當 卽推倒禪床 然 陞座 溪上叅 然問 今日離何處 溪云 路口 然云何不盖却 溪無對 乃禮拜復問 如何是末山 然云 不露頂至溪於是伏膺作園頭三年 師代前語云 久響末山 代後語云 識得末山了也 念伊是女人家 但且恁麽道 更看伊如何 若他依舊 又作老婆相然後 與推倒禪床未遲 諸方 或謂不然 末山園頭甚要

ꩰ 천동각 선사가 소참법문을 할 때 이 칙을 들고 말하였다.

남자도 아니요 여자도 아니라 함이여, 신도 아니요 귀도 아니요 부처도 아니요 중생도 아니로다. 다만 백운이 무심하듯이 알면 누가 청산이 눈 안에 있음인들 분별하랴. 달을 알아 취해 뱀이 토한 구슬[6]을 버리고 차가운 못 아래 창룡의 뼈가 가라앉도다.

한가로이 자줏빛 실의 억압마저 끊음이여!

하늘과 인간이 아무도 거두지 못한다.

거두지 못하는 일이여!

원래부터 우리[窠窟]도 없느니라.

天童覺 小參 擧此話云 不是男不是女 不是神不是鬼 不是佛不是物 只知白雲無心 誰辨靑山在目 夜明識取斷蛇珠 潭寒退下蒼龍骨 等閑掣斷紫絲條 天上人間收不得 收不得底事 從來沒窠窟

6) 원문의 사주(蛇珠). ① 진주 - 탁월한 재주 ② 뱀이 토한 구슬, 천한 물건. 여기서는 ②의 뜻으로 쓰임.

☁ 불과근 선사가 심요에 말하였다.

예전에 관계 선사가 말산에 갔더니 말산 선사가 "요즘 어디서 떠났습니까?" 묻자 관계 선사가 "길 어귀요." 하였다. 말산 선사가 다시 "왜 모두 그치지 못했습니까?" 하니 관계 선사가 말을 못하고 다음날 "어떤 것이 말산의 경지입니까?" 물은 것으로부터 "어째서 변화함이 없다고 하는가?" 하기에 이르렀으니 이런 일이 어찌 진실한 경지를 밟아 만 길의 벼랑 끝에 이른 것이 아니겠는가?

그러므로 "말후일구를 말하자면 비로소 뇌관[7]에 이르러 요긴한 길목을 잡아 끊어서 범부도 성인도 통하지 못한다." 하였으니 옛사람도 그랬거늘 요즘 사람인들 어찌 모자람이 있겠는가. 다행히 금강왕 보배검이 있으니 지음자를 만나거든 드러내보라.

佛果勤 心要 云 昔 灌溪 往末山 山問 近離甚處 溪云 路口 山云 何不盖却 溪無語 次日 致問 如何是末山境 至變介什麽 如此 豈不是 脚踏實地 到壁立萬仞處 所以 道末後一句 始到牢關 把斷要津 不通 凡聖 古人 旣你 今人 豈少欠耶 幸有金剛王寶劍 當須遇着知音 可以 拈出

7) 원문에 뇌관(牢關)이라 되어 있는데, 이는 은산철벽과 같이 견고함을 말한다.

 대원 문재현은 이 칙을 모두 들고나서 이르노라.

어리석은 질문에 명철한 대답이구나.

어떤 것이 진실한 말산인가?
비구니는 원래로 여자이지

어떤 것이 말산의 주인인가?
비구는 원래로 남자이지

어째서 변화함이 없다고 하는가?
어째서 변화함이 없다고 하는가?

554칙 눈에 보이는 것 모두가 보리인 도리

 본 칙

담주 석상 경제 선사가 처음으로 도오 선사에게 가서 물었다.

"어떤 것이 눈에 보이는 것 모두가 보리인 도리입니까?"

도오 선사가 사미를 불렀다.

사미가 대답을 하자 도오 선사가 말하였다.

"물병에 물을 담아오라."

그리고 말없이 있다가 도리어 석상 선사에게 물었다.

"그대가 아까 무엇을 물었던가?"

석상 선사가 헤아려 이야기하려 하는데 도오 선사가 방장으로 돌아가버리니 석상 선사가 깨달았다.

潭州石霜慶諸禪師 初叅道吾問 如何是觸目菩提 吾乃喚沙彌 彌應諾 吾云 添淨瓶水着 良久 却問師 汝適來問什麼 師擬擧 吾便歸方丈 師有省

☁ 단하 선사 송

거량을 베푸는 것, 작자라야 하나니
평상시 말 속에 진을 치고 있음을…
엄숙히 묻고는 헤아려 대꾸하려는데 방장으로 돌아감이여
일구의 분명함에 다시는 의심 없네

丹霞淳 頌
垂手還他作者機
尋常語裏布鏘旗
重詢擬進歸方丈
一句分明更不疑

 대원 문재현은 이 칙을 모두 듣고나서 이르노라.

어진 말[馬]은 채찍그림자만 보아도 달린다고 하지 않았던가?

그 어찌 사미를 부르고
방장으로 돌아감을 기다리랴
두두물물 그렇게 일렀다네

555칙 이것은 어디서 났는가

본 칙

석상 선사가 위산 선사의 회상에서 미두(쌀을 관리하는 이) 소임을 보았는데 어느 날 쌀광에서 쌀을 체치고 있노라니 위산 선사가 보고 말하였다.

"시주의 물건을 흩어 내버리지 말라."

이에 석상 선사가 말하였다.

"감히 흩어 내버리지 않습니다."

위산 선사가 땅에서 쌀알 하나를 주워들고 말하였다.

"그대는 흩어 내버리지 않는다 했으나, 이것은 어디서 났는가?"

석상 선사가 대답이 없으니 위산 선사가 말하였다.

"이 한 알을 적다고 업신여기지 말라. 백 천 알이 모두 이 한 알에서 나왔느니라."

이에 석상 선사가 말하였다.

"백천 알은 이 한 알에서 나왔지만 이 한 알은 어디서 나왔습니까?"

위산 선사가 깔깔 웃으면서 방장으로 돌아갔다가 저녁이 되자 상당하여 말하였다.

“대중들이여, 쌀 속에 벌레가 있느니라.”

石霜 在潙山法會 爲米頭 一日 在米寮內篩米 潙山 云 施主物 莫抛撒 師曰 不敢抛撒 潙山 於地上 拾得一粒云 汝道不抛撒 這介 什麽處得來 師無對 潙山 又云 莫欺這一粒子 百千粒 從這一粒生 師曰 百千粒 從這一粒生 未審遮一粒 從什麽處生 潙山 呵呵笑歸方丈 至晚 上堂云 大衆 米裏 有虫

ꩰ 지비자 선사 송

놓기를 자유자재하고
집어와 부순다네
미두가 고르고 가리니
방아에서 나와 체치는 것을 거쳤다네
백천만 개의 쌀알이 한 알에서 나왔다 함이여
한 알이 난 곳을 물으니 크게 웃을 뿐 대답이 없었네
설봉의 세계가 이같이 큼이여
북을 울리니 모여서 구경을 하는데
알겠는가, 모르겠는가?

知非子 頌
放去縱橫
拈來破碎
米頭揀辨
經篩出碓
百千萬粒生一粒內
問一粒生絶倒不對
雪峰世界亦如斯大

鳴鼓集觀
會也不會

ꩠ 낭야각 선사가 이 칙을 들고 말하였다.

위산 선사의 한 알의 쌀이 납자의 어금니를 쏘아 부쉈구나.

瑯琊覺 拈 潙山一粒米 彈破衲僧牙

ᢀ 장산전 선사가 이 칙을 들고 말하였다.

위산 선사가 자식을 기른 인연이다. 그때에 그가 “이 한 알은 어디서 나왔습니까?” 하였을 때, 다만 아프게 한 번 때림을 베풀 줄 알았다면 능히 고금에 빛났을 것이니라.

蔣山泉 拈 潙山 也是養子之緣 當時 待伊道未審這一 粒從甚處生 但知痛與一頓 管取耀古騰今

 대원 문재현은 이 칙을 모두 들고나서 이르노라.

사자굴 속에는 사자만이 있다 했거늘….

“이것은 어디서 났는가?” 할 때 대원이라면
“앞산이 내 먼저 누설했소.” 할 것이다.

“이 한 알에서 나왔느니라.” 할 때 대원이라면
“거기에도 나고 듦이 있습니까?” 할 것이다.

“쌀 속에 벌레가 있느니라.” 할 적에는 대원이라면
“재앙의 문이라 함 이래서일세.” 할 것이다.

556칙 깊고 깊은 곳

 본 칙

석상 선사에게 어떤 선승이 물었다.
"어떤 것이 석상 선사의 깊고 깊은 곳입니까?"
석상 선사가 대답하였다.
"자물쇠도 쇠사슬도 없거늘 양쪽으로 흔드누나."

石霜 因僧問 如何是石霜深深處 師云 無鑐鏁子兩頭搖

ᔕ 투자청 선사 송

삼경에 달은 졌건만 양쪽 산이 밝음이여
아득한 옛 길에 이끼가 가득하다
자물쇠를 흔들 때도 범함이 없음이여
마음달의 푸른 물결, 불변의 도를 씀일세

投子青 頌
三更月落兩山明
古道程遙苔滿生
金鏁搖時無手犯
碧波心月兎常行

ꩠ 천동각 선사 송

먼저 갔다 해도 이르지 못함이요
뒤졌다 해도 크게 지나침일세
한 수에 일치한 틈을 보았는가?
흑과 백으로 나뉘자 삶과 죽음으로 나뉨이여
허리에 찬 나무꾼의 도끼자루만 썩누나

天童覺 頌
先行不到
末後大過
一着中間見也麽
才形黑白分生殺
帶累樵人爛斧柯

ಌ 보녕용 선사 송

자물쇠도 수갑도 없건만 열기가 어려우니
당 앞의 고목일세, 함부로 의심치 말게
천고에 양쪽으로 흔들어도 움직임 없으니
기린 뿔 같은 납자가 오기만을 기다린다네

保寧勇 頌
無鑐鏁子卒難開
枯木堂前莫亂猜
千古兩頭搖不動
待他麟角衲僧來

〇 황룡신 선사가 상당하여 이 칙을 들고 말하였다.

석상 노장이 좋고 나쁨도 모르도다. 이미 자물쇠도 줄도 없다면 양쪽도 없을 것이요, 이미 양쪽이 없다면 무엇을 흔든단 말인가?
(잠잠히 있다가)
청산은 반기거나 반기지 않음이 없거늘 백운이 거두고 펴기를 제 맘대로 하느니라.

黃龍新 上堂擧此話云 石霜老漢 不識好惡 鏁旣無鬚 卽無兩頭 旣無兩頭 搖介什麼 良久云 靑山 無適莫 白雲 任卷舒

 대원 문재현은 이 칙을 모두 들고나서 이르노라.

당시에 내게 누가 그렇게 물어왔다면 “깊음마저 서지 못하니라.” 했을 것이다.

만상은 눈을 향해 보여줬고
소리들 귀를 향해 일렀건만

두 조각 가죽을 열어서
제 얼굴에 흙탕질들 했구나

어떤 것이 깊고 깊은 곳이오?
‘깊고 깊은 곳이다’ 하였으리

557칙 만호의 문이 모두 열릴 때

 본 칙

석상 선사에게 운개 선사가 물었다.

"만호의 문이 모두 닫히는 것은 묻지 않겠지만 만호의 문이 모두 열릴 때엔 어떠합니까?"

석상 선사가 말하였다.

"방 안의 일은 어떠한가?"

운개 선사가 말하였다.

"그를 접한 사람이 없습니다."

석상 선사가 말하였다.

"이른다고 크게 애써 일렀으나 다만 팔구(八九)분만을 말했도다."

운개 선사가 말하였다.

"화상께선 어떻게 말하시겠습니까?"

석상 선사가 말하였다.

"그를 안 사람이 없느니라."

石霜因雲盖問 萬戶俱閉 卽不問 萬戶俱開時如何 師曰 堂中事 作麽生 曰無人接得渠 師曰 道也大殺道 只道得八九成 曰未審和尙 作麽生道 師曰 無人識得渠

ര 대각련 선사 송

접한 사람이 없다 하고, 안 사람이 없다 함이여
십(十)분을 통한 뒤이건만 도리어 칠(七)분이 되었도다
신선의 집 복숭아씨 싹도 트지 않았는데
바다 복판의 열매는 완전히 붉었다
문 열 것도 없건만 문 밖을 구하여 찾으며
어리석은 아이, 죽도록 울어대는구나
껄껄 웃으며 차서 부수고 나오라
만고의 찬 바위 오래도록 적적했겠군

大覺璉 頌
接不得無人識
十分通後還成七
仙家桃種未抽芽
海心果子渾圇赤
門不開戶外覓
癡兒苦死啼啾唧
軒然趯破出頭來
萬古寒嵓長寂寂

◌ 투자청 선사 송

옛 궁전의 바위 열리고 달은 솔에 걸렸으니
서리 엉키고 눈꽃 피어 운치가 끝이 없다
천 봉우리 방을 삼고 별 앞에 누운 사람
부처도 조사도 그에게는 알 것이 없다네

投子青 頌
古殿嵓開月鏁松
霜凝雪露韻無窮
星前人臥千峰室
佛祖無因識得渠

ꩰ 동선제 선사가 이 칙을 들고 말하였다.

석상 선사의 뜻은 무엇이던가? 만일 마찬가지로 이른 거라면 먼저는 어째서 그를 허락하지 않았으며, 만일 딴 도리가 있어 일렀다 해도 또한 다만 한 차례 더 말했을 뿐이다.

말해보라. 옛 사람의 뜻이 무엇인가?

東禪齊 拈 只如石霜意作麽生 若道一般 前來 爲什麽不許伊 若道別有道理 又只重說一遍 且道 古人 意作麽生

ꩰ 석문이 선사가 상당하여 이 칙을 들고 말하였다.

옛 사람의 한 마디, 한 구절은 가위 땅에 던지면 쇳소리가 난다 하겠다. 감히 여러분께 묻노니 다만 "그를 접한 사람이 없습니다." 한 것은 무슨 잘못이 있으며, "그를 안 사람이 없느니라." 한 것은 무슨 좋은 점이 있는가?

누군가가 가려내면 행각의 안목을 갖추었다 해도 무방하리라. 비록 그러나 만약 석문이라면 그렇게 하지 않으리니 그가 묻자마자 말소리가 울리기 전에 곧바로 때렸더라면 그 선승이 본래면목을 붙잡았을 뿐 아니라 곁에서 보는 이들도 역시 언뜻 봄이 있었으리라. 알겠는가?

쌍으로 거두고 쌍으로 놓는 일이 바로 이때의 때맞춘 함일 뿐이니 만고에 아무도 그를 아는 이가 없다고 한 것이 어찌 일도양단하여 가지 위에 다시 가지가 나는 것을 면하도록 가르친 것과 같겠는가.

石門易 上堂擧此話云 古人一言一句 可謂擲地作金聲 敢問諸人 只如道無人接得渠 有何所短 無人識得渠 有何所長 若有人 辨得 不妨具行脚眼 雖然如是 若是石門 則不然 待他才問 和聲便打 非唯把住這僧鼻孔 亦使傍觀者 瞥地 還相委悉麽 雙收雙放 爲今時 萬古無人識得伊 爭似一刀兩段 免教枝上更生枝

ꩡ 천동각 선사가 이 칙을 들고 말하였다.

은밀한 경지에서 공훈에 떨어지는 것을 꺼리니, 살에 닿은 속옷마저 벗어버릴 줄 알아야 되리라. 종승 가운데서 적확한 바를 가려내고 헤아림을 초월한 기틀을 굴려야 하나니 꼭 자세히 살펴야 한다.

같은 가운데 뛰어난 것이 명명백백하다 해도 오히려 비슷할 뿐이요, 뛰어난 가운데에서도 뛰어나버려야 더할 수 없는 묘함의 극치이다. 석상 선사 부자의 이리 구르고 저리 구르는 경지에 이르렀는가?

촛불이 밝으니 옥인(玉人)이 비로소 꿈을 깨고, 밤이 추우니 청녀(靑女)가 베틀에 오르지 않누나.

天童覺 拈 穩密田地 忌墮功勳 貼體衣裳 會須脫却 宗中辨的 量外轉機 須字細 始得 同中之異 酌然 尙帶依俙 異中之異 直是難臻妙極 還到石霜父子轉側處麽 燭曉玉人 初破夢 夜寒靑女未登機

ⓒ 천동각 선사가 다시 이 칙을 들고 말하였다.

그를 접한 사람이 없다 함이여.

귀함이 마상여[8]를 육박하니 마침내 다리 위로 와서 기둥머리의 글을 기억하노라.

그를 안 사람이 없다 함이여.

바둑판이 나무꾼을 취하게 하니 고개를 돌리자 도끼자루 썩었고 큰 바다가 모두 말랐구나.

又拈 無人接得渠 貴逼馬相如 果來橋上也 記得柱頭書 無人識得渠 棊局醉樵夫 回頭斧柯爛 大海一成枯

---

8) 마상여(馬相如) : 백의로 재상의 자리에 올라 귀함이 지극했다. 사마상여가 "다리 붉은 말 네 필이 끄는 수레를 타기 전에는 다시 이 다리를 건너지 않겠다."라고 했다.

ꩰ 천동각 선사가 소참법문을 할 때 이 칙을 들고 다시 말하였다.

형제들이여, 아비가 이끎에 아들이 이룸이여, 구르는 길마다 공이 원만하다. 움직여 범한 즉 머리에 뿔이 나고 추하고 졸렬함이 드러난다.

설사 유리궁전에서 옥녀가 고개를 흔들고 명월당 앞에서 석인이 손뼉을 친다고 해도 역시 곁에서 주변의 일이나 바라보고 있는 것이다. 이 경지에 이르러서는 삼세제불이 우러러보아도 미치지 못하고 역대의 조사도 찬탄하거나 헐뜯음을 입힐 수 없으며 천하의 늙은 화상의 물 흐르듯 한 언설로도 이르지 못할 바여야 비로소 조금 상응할 만하다 하리라.

지금도 이렇게 깨닫기를 바라는 이가 있는가? 양쪽 끝을 잡아 열어놓고 중간도 놓아버려서, 해골 앞과 사대(四大) 뒤의 몸마저 거두고, 능히 그 속에서 끌어 일으켜 가지고 와, 이르는 곳마다 꼭 맞게 써야, 비로소 시방세계에 오직 일승의 법뿐이며, 다시 한 방울도 흐르거나 새는 일이 없음을 믿으리니, 곧바로 티끌마다 세계마다 부처와 조사임을 깨달을 것이다.

다만 불조가 원래 티끌마다 세계마다 안거하고 있다고 하지만 말라. 원래 낱낱이 곧 이것이니라. 헤아려 논하면 곧 양 말뚝[9]을 짓는

9) 원문에 양궐(兩橛)이라고 되어 있는데 이는 두 개의 개념, 두 개의 상대적·대립적·이원적 견해를 말한다.

이야기가 되니 비슷한 것에 의거하면 한결같지 못하니라.

又小參 擧此話云 兄弟 子就父移 功圓路轉 動犯則頭角生也 醜拙露也 直饒瑠璃殿上 玉女搖頭 明月堂前 石人撫掌 也秖是旁參邊事 到這裏 三世諸佛 瞻望不及 歷代祖師 毁讚不着 天下老和尚 詮注不到 方有少分相應 如今 欲得恁麼去麼 且把兩頭撒開 中間放下 髑髏前四大後 體收 就裏許 携得將來 隨到處用得恰好 方信道十方世界中 唯有一乘法 更無一滴滲漏 直得塵塵剎剎 佛佛祖祖 莫只道佛祖在剎塵裏安居 元秖這便是 擬議則話作兩橛 依俙則不得一如

ᘛ 운문고 선사가 이 칙을 들고 말하였다.

한 쌍의 구멍 없는 무쇠방망이가 있는데, 그 중에도 한 개가 더 무거우니라.

雲門杲 拈 一對無孔鐵鎚 就中一介最重

 대원 문재현은 이 칙을 모두 들고나서 이르노라.

닫힌다 하여도 안이 없고 열린다 하여도 밖이 없다. 알겠는가?

구름 밖에 보름달 빛 대밭에 밝디 밝고
뜰 위에 대그림자 비질을 쉬잖는다

그윽한 꽃향기가 코 스치는 봄밤이여
홀로 서서 소리없는 미소를 짓게 하네

열림이니 닫힘이니 공연한 분별 쉬길
이러-히 한없는 도량일 뿐이라네

558칙 지척 사이에서 어찌하여 스님의 얼굴을 볼 수 없습니까

본 칙

석상 선사가 방장에 있는데 어떤 선승이 창 밖에서 물었다.

"지척 사이에서 어찌하여 스님의 얼굴을 볼 수 없습니까?"

석상 선사가 대답하였다.

"나는 온 세계에 두루하여 일찍이 감춘 적이 없다고 하노라."

나중에 그 선승이 설봉 선사에게 물었다.

"온 세계에 두루하여 일찍이 감춘 적이 없다는 뜻이 무엇입니까?"

설봉 선사가 말하였다.

"어디가 석상 선사가 아니던가?"

선승이 돌아와서 석상 선사에게 앞일을 드니 석상 선사가 말하였다.

"그 노장이 왜 그리 조급히 굴었을꼬?"

石霜 居方丈 有僧在明窗外問 咫尺之間 爲什麽不覩師顔 師云 我道徧界不曾藏 僧 後問雪峰 徧界不曾藏意旨如何 峰云 什麽處不是石霜 僧廻擧似師 師云 這老漢 有什麽死急

☁ 장산전 선사 송

석상과 설봉 선사가 매우 한가히
달밤에 서로 만나 함께 노래 주고받네
그 어찌 강 위에서 소라나 낚는 객과 같으랴
어부의 피리 한 소리 창주를 지나네

(현사 선사의 염까지를 송했다.)

蔣山泉 頌
霜峰雪老盡悠悠
月下相逢互唱酬
爭似釣螺江上客
一聲漁笛過滄洲
(兼擧玄沙拈)

☁ 보녕용 선사 송

두 눈은 어릴 적부터 색맹인 환자가
두 귀로 여전히 소리만은 듣는다네
일일이 손가락으로 가리켜 보여도 만 가지를 모두 보지 못하는데
손가락 튕김에서 어떻게 분명히 깨달을꼬

保寧勇 頌
雙眸自少患生盲
兩耳從前只聽聲
指點萬端都不見
如何彈指得分明

∽ 지비자 선사 송

찾아온 이, 일찍이 스님 얼굴 뵙지 못하고
창 밖의 지척 사이에서만 대하였네
온 세계 두루하여 감춘 적이 없다는 뜻 아는가?
천태에서 남악 사이의 만 겹의 산이로다

知非子 頌
參徒曾不覩師顔
只對明窗咫尺間
徧界不藏還會否
天台南嶽萬重山

ꩰ 현사 선사가 이 칙을 들고 말하였다.

석상 노장도 어긋났도다.

玄沙 拈 山頭老漢 蹉過也

☁ 동산 선사가 대신 말하였다.

토지신을 죽도록 웃기는구나.

洞山 代 笑殺土地

ඏ 오조계 선사가 대신 말하였다.

무슨 까닭이라도 있었던가?

五祖戒 代 着甚來由

⊂⊃ 낭야각 선사가 말하였다.

설봉 선사가 비록 남을 이롭게 하려는 마음은 있으나 남보다 뛰어난 안목은 없구나.
석상 선사는 비록 남보다 뛰어난 안목은 있으나 초월해서는 초월했다 함마저 없는 것을 아직 알지 못했다.

瑯瑘覺 云 雪峰 雖有利人之心 且無出人之眼 石霜 雖有出人之眼 未知向上一竅

ꩰ 법운수 선사가 말하였다.

석상 선사를 보려는가?
부유하기로는 천 명의 식구도 적다고 하고, 가난하기로는 한 몸도 많아서 한이니라.

法雲秀 云 要見石霜麼 富嫌千口少 貧恨一身多

ఌ 동선제 선사가 이 칙을 들고 말하였다.

설봉 선사는 석상 선사의 뜻을 알았는가, 몰랐는가? 만약 알았다면 어째서 조급히 군다 했으며, 만약 몰랐다면 어디가 모른 곳인가?

설봉 선사가 어찌 알지 못하리오? 그러나 법은 차이가 없지만 이은 스승이 같지 않음으로써 아는 데 차별이 생겼으니 어쩌랴.

그가 "온 세계에 두루하여 일찍이 감춘 적이 없다." 했으니 일찍이 배운 것으로 옳게 알았다 하여 어지럽게 지껄이면 옳지 못하니라.

東禪齊 拈 只如雪峰 是會石霜意 不會石霜意 若會也 伦爲什麼道死急 若不會 作麼生 雪峰 豈可不會 然 法且無異 奈以師承不同 解之差別 他云 徧界不曾藏 也須曾學來 始得會 亂說則不可

ⓒ 천동각 선사가 이 칙을 들고 말하였다.

석상 선사와 설봉 선사의 거리가 얼마나 되는가? 천 리, 만 리로다.

누군가가 장노에게 "온 세계에 두루하여 감춘 적 없다는 뜻이 무엇인가?" 한다면 그에게 "어디가 석상 선사인가?" 하리라.

天童覺 拈 石霜雪峰 相去多少 直是千里萬里 若有人 問長蘆徧界不曾藏意旨 向道 甚麼處是石霜

ꩠ 천녕기 선사가 상당하여 이 칙을 들고 말하였다.

설봉 선사의 그런 말이 그 선승을 위한 것인가, 그 선승을 위하지 않은 것인가?

만일 그 선승을 위한 것이라면 어디가 그를 위한 곳이며, 만일 그 선승을 위하지 않은 것이라면 그가 "어디가 석상 선사가 아니던가?" 했으니 여러분이 만일 이 속에서 보아 얻으면 십이시간 안에 이야기하고 웃고 움직이고 멈춤이 불사 아닌 것이 없다 하겠지만, 만일 알아내지 못한다면 30년쯤 뒤에라야 이 이야기가 많이 퍼지리라.

天寧琦 上堂擧此話云 雪峰與麽道 是爲者僧 不爲者僧 是是爲者僧 什麽處是爲伊處 若道不爲者僧 又向伊道 什麽處不是石霜 諸人 若向這裏 見得 可謂十二時中 言談語笑 動止施爲 無非佛事 若見不得 三十年後 此話大行

☁ 불안원 선사가 이 칙을 들고 말하였다.

이미 지척 사이인 줄 알면 어째서 '스님의 얼굴을 볼 수 없다.' 했을까? 이미 온 세계에 두루하고 허공에 두루하다고 말하고서 어째서 다시 일찍이 감춘 적은 없다고 했을까?

뜻하는 바를 보았는가? 만약 보아 얻는다면 석상 노장과 설봉 대사를 곧바로 볼 것이니라.

佛眼遠 拈 旣知咫尺之間 爲什麽 卻道不覩師顔 旣言徧界徧空 如何更云 不曾藏覆 還見落節處麽 若見得 便見石霜老子 雪峰大師

ᯅ 백운병 선사가 이 칙에서 "어디가 석상 선사가 아니던가?" 한 것까지와 이어 현사 선사가 "점잖은 이가 발꿈치도 땅에 닿지 않았구나." 한 것을 들고 다음과 같이 송하였다.

지척 사이에서 스님의 얼굴을 못 본다 하였는데
다행히 이렇게 드러났거늘 누가 가로막았는가?
노쇠한 석상이 달을 가리켰는데
구구한 설봉이 거듭 말이 많았네
고기 낚는 배 위에서 세 사내에게 알림이여
금강신의 뒤통수에 무쇠를 더함일세

白雲昺 擧此話 至甚處不是石霜 連擧玄沙 云 老老大大 脚跟不點地在 師頌曰

咫尺之間不覩師顔
幸然獨露誰作遮攔
潦倒石霜曾指月
區區雪老重饒舌
釣魚船上謝三郎
金剛腦後添生鐵

 대원 문재현은 이 칙을 모두 들고나서 이르노라.

만일 내게 어떤 이가 그와 같이 묻는다면 "어떤 것이 이르지 않더냐?" 했으리라.

남에 가면 남문이 이르고
북에 가면 북문이 일러줘서
분명치 않은 적이 없노라

559칙 교 가운데의 조사의 뜻

 본 칙

석상 선사에게 어떤 선승이 물었다.
"교에서도 조사의 뜻이 있습니까?"
석상 선사가 대답하였다.
"있느니라."
선승이 다시 물었다.
"어느 것이 교 가운데의 조사의 뜻입니까?"
석상 선사가 말하였다.
"책 안에서 구하려 하지 말라."

石霜 因僧問 敎中 還有祖師意麼 師云 有 僧云 如何是敎中祖師意 師云 莫向卷中求

ꩠ 운문언 선사가 대신 말하였다.

노승을 저버리지 말라. 똥구덩이에 앉아서 무엇을 하려는가?

雲門偃 代 不得辜負老僧 却向屎坑裏坐地 作什麼

☁ 장로색 선사가 상당하여 이 칙을 들고 말하였다.

(대중을 돌아보며)

여기에서 안다면 세존의 360여 회와 5,048권이 여러분의 한 입에다 삼켜져서 어디서나 제목이 분명하고 어디서나 글자와 뜻이 분명하겠지만 만일 그렇지 않다면 검은 것은 글자요 누런 것은 종이니라. 어떤 것이 경을 보는 안목인가?

長蘆賾 上堂擧此話 顧大衆云 這裏 會得 世尊三百六十餘會 五千四十八卷 被諸人一口呑盡 一切處 題目分明 一切處 字義炳然 其或未然 墨底是字 黃底是紙 那箇是看經眼

 대원 문재현은 이 칙을 모두 듣고나서 이르노라.

만약 내게 이와 같이 물어왔다면 "부처와 조사가 무엇을 가르쳤다 생각하느냐?"라고 물어서 "견성성불의 도리를 가르쳤습니다."라고 하면 "그렇다면 자명한 일이 아니더냐?" 하고 읊으리라.

길가의 잡초도 부처의 뜻이고
스치는 바람도 조사의 뜻이거니
경이면 더 말해서 뭐하랴

560칙 진신(眞身)

 본 칙

석상 선사에게 어떤 선승이 물었다.

"진신도 세상에 나시는 일이 있습니까?"

석상 선사가 대답하였다.

"세상에 남이 없느니라."

선승이 다시 물었다.

"진신인데야 어찌하겠습니까?"

석상 선사가 대답하였다.

"유리병의 입이니라."

石霜 因僧問 眞身 還有出世也無 師云 不出世 僧云 爭奈眞身何 師云 瑠璃缾子口

ꔀ 천동각 선사가 이 칙을 들고 말하였다.

온통인 몸이라는 것마저 곧바로 다하고 철저하여 공이랄 것도 없음이여. 손마저 놓아버린 데서 일으켜 써서 곳에 따라 쓴다.

석상 노장을 알겠는가?

당당하여 그림자도 자취도 없고 온 세계에 두루하여 일찍이 감춘 적이 없느니라.

天童覺 拈 通身便盡 徹底無功 撒手興來 隨處得用 還識石霜老漢麽 當堂無影跡 徧界不曾藏

 대원 문재현은 이 칙을 모두 듣고나서 이르노라.

나타나고 나타나지 않음이 있다면 어찌 진신(眞身)이라 할 수 있겠는가.

인자여, 진신이라 했는가?
좋은 날 구름은 흰 솜 같고
궂은 날 구름은 검으니라

561칙 교 밖에 따로 전하는 한 구절

 본 칙

석상 선사가 대중에게 보이고 말하였다.
"교 밖에 따로 전하는 한 구절이 있음을 알아야 하느니라."
그때에 어떤 선승이 나서서 물었다.
"어떤 것이 교 밖에 따로 전하는 한 구절입니까?"
석상 선사가 말하였다.
"구절 아닌 것이니라."
이에 운문 선사가 말하였다.
"구절 아닌 것이라야 비로소 옳은 구절이니라."

石霜 示衆云 須知有敎外別傳一句 時 有僧 出問 如何是敎外別傳一句 師云 非句 雲門 云 非句 始是句

ൾ 법운수 선사가 이 칙을 들고 말하였다.

똥 위에다 또 똥을 더하는구나.

法雲秀 拈 屎上更加尖

⇔ 법진일 선사가 이 칙을 들고 말하였다.

말해보라. 이 무슨 구절인가?

法眞一 拈 且道 是什麽句

ꕤ 장령탁 선사가 상당하여 이 칙을 들고 말하였다.

어찌하여 구절 아닌 것이라야 비로소 옳은 구절이라 하는가?
(말없이 보이다가)
집에 있을 때는 객을 위해 말하기가 쉽더니, 통발을 놓을 때야 비로소 고기잡이 어려운 줄 알겠구나.

長靈卓 上堂擧此話云 如何說箇非句 始是句 良久云 在舍祗言爲客易 臨筌方覺取魚難

 대원 문재현은 이 칙을 모두 들고나서 이르노라.

구절 아닌 구절을 알고 싶은가?

세존이 사위국에 계실 때
때 되자 차례로 빌으시고

자리에 돌아오셔 드시고
자리 펴 앉으심을 아는가

구절 아닌 구절을 알려면
여기에서 직시해야 하느니

562칙 남은 반 길이 점점 어려우니라

 본 칙

석상 선사에게 어떤 선승이 하직을 고하매 석상 선사가 물었다.
"배로 가는가, 육지로 가는가?"
선승이 대답하였다.
"배를 만나면 배로 가고, 육지를 만나면 육지로 가겠습니다."
이에 석상 선사가 말하였다.
"내 이르노니 남은 반 길이 점점 어려우니라."
선승이 대답이 없었다.

石霜 因僧辭 師問 船去陸去 僧云 遇船卽船 遇陸卽陸 師云 我道半途稍難 僧無對

운문언 선사가 대신 말하였다.

30년 뒤엔 이 이야기가 널리 쓰여질 것입니다.

雲門偃 代云 三十年後 此話大行

ᨖ 운문언 선사가 다시 말하였다.

떠나려할 때 일러주신 한 마디는 영원히 잊지 못할 것입니다.

又云 臨行一句 永劫不忘

 대원 문재현은 이 칙을 모두 들고나서 이르노라.

마지막 석상 선사의 한마디여, 팔대 독자를 생각하는 과수의 사랑인들 이에 미치랴.

삼십년 뒤 허탈한 웃음이라야
비로소 은혜를 앎이라네
알고 싶은가? 삼삼은 구이니라

아차차 여보게들 차나 들고
채전에 씨 뿌릴 일 많으니
대중은 서둘러 가야겠소

563칙 이를 부딪치다

 본 칙

석상 선사에게 어떤 선승이 물었다.

"어떤 것이 조사께서 서쪽에서 오신 뜻입니까?"

석상 선사가 이를 부딪치니 그 선승이 알지 못하여, 석상 선사가 열반에 든 뒤에 구봉 선사에게 물었다.

"선사께서 이를 부딪치신 뜻이 무엇입니까?"

구봉 선사가 대답하였다.

"내가 차라리 혀를 끊을지언정 나랏법을 어길 수 없느니라."

그가 다시 운개 선사에게 물으니 운개 선사가 대답하였다.

"나와 선사(先師)가 무슨 원한이 있겠소."

石霜 因僧問 如何是祖師西來意 師咬齒 其僧 不會 且待石霜遷化 却問九峰 先師咬齒意旨如何 峰云 我寧可截舌 不犯國諱 又問雲盖 盖云 我與先師 有甚寃

☁ 투자청 선사가 상당하여 이 칙을 들고 말하였다.

여러분이여, 말해 보시오. 이 세 존숙에게도 조사께서 서쪽에서 오신 뜻이 있는가? 만일 말한다면 가위 천고에 같은 풍속이라 하겠거니와, 만일 그렇지 못하면 내가 생명을 아끼지 않고 여러분에게 설파해 주리라.

(말없이 보이다가)

불타는 이때에 눈썹 털을 아껴 가져라.

投子青 上堂擧此話云 諸仁者 且道 這三人尊宿 還有祖師西來意也無 若道得 可謂千古同風 若道不得 山僧 不避性命 與諸人道破 良久云 時熱 惜取眉毛

 대원 문재현은 이 칙을 모두 듣고나서 이르노라.

이 세 존숙의 뜻을 알겠는가?

소나무는 푸르름으로 이르고
바람은 소리로써 이르는데
듣는가, 듣지를 못 하는가?

564칙 살았는가, 죽었는가

 본 칙

담주 점원 중흥 선사가 도오 선사와 함께 어떤 집에 가서 조상[弔慰]을 하다가 관을 두드리면서 말하였다.

"살았는가, 죽었는가?"

도오 선사가 말하였다.

"살았다고도 못하고 죽었다고도 말하지 못한다."

점원 선사가 말하였다.

"어째서 말하지 못합니까?"

도오 선사가 말하였다.

"말하지 못하지. 말하지 못해."

돌아오는 길에 점원 선사가 물었다.

"저에게 시원히 말씀해 주시오. 만일 말해 주지 않으시면 스님을 때리겠습니다."

도오 선사가 말하였다.

"때리려면 마음대로 때려라만은 말하라 한 즉 말하지는 못하지."

점원 선사가 곧바로 때렸다.

나중에 도오 선사가 열반에 든 뒤에 점원 선사가 석상 선사에게 가서 앞의 이야기를 했더니 석상 선사도 말하였다.

"살았다고도 말하지 못하고 죽었다고도 말하지 못하지."

이에 점원 선사가 말하였다.

"어째서 말하지 못합니까?"

석상 선사가 말하였다.

"말하지 못하지. 말하지 못해."

점원 선사가 언하에 깨달았다.

(어떤 책에는 '응당 비구의 몸으로 제도할 이는 비구의 몸을 나타내어 설법해서 제도해야 한다.'고 한 것을 외우는 소리를 듣고 깨달았다 하였다.)

어느 날, 가래[10]를 메고 법당 위에서 동쪽에서 서쪽으로, 서쪽에서 동쪽으로 오락가락하니, 석상 선사가 말하였다.

"무엇을 하는가?"

점원 선사가 대답하였다.

"선사(先師)의 사리를 찾습니다."

석상 선사가 말하였다.

"큰 물결이 끝없이 넓고, 흰 파도가 하늘까지 찼거늘 무슨 선사의 사리를 찾으려는가?"

(설두 선사가 착어하기를 "아이고! 아이고!" 하였다.)

이에 점원 선사가 말하였다.

10) 가래 : 농기구.

"진정 좋은 힘씀인 것입니다."
석상 선사가 말하였다.
"여기는 바늘로 찔러도 들어갈 곳이 없거늘 무슨 힘씀이라고 말하는가?"
점원 선사는 가래를 어깨에 메고 곧바로 나가버렸다.
(태원부 선사가 대신 말하였다. "선사의 사리가 지금도 있습니다.")

潭州漸源仲興禪師 與道吾 至一家吊慰次 師乃拊棺云 生耶死耶 吾云 生也不道 死也不道 師云 爲什麽不道 吾云 不道不道 廻至中路 師云 和尙 快與某甲道 若不道 打和尙去 吾云 打則任打 道則不道 師便打 後道吾遷化 師至石霜 擧似前話 霜云 生也不道 死也不道 師云 爲什麽不道 霜云 不道不道 師於言下 有省 (有本 聞誦應以比丘身得度者 卽現比丘身而爲說法 有省) 一日 將鍬子 於法堂上 從西過東 從東過西 霜云 作麽 師云 覓先師 靈骨 霜云 洪波浩渺 白浪滔天 覓什麽先師靈骨 (雪竇着語 蒼天蒼天) 師云 正好着力 霜云 這裏針劄不入 着什麽力 師持鍬肩上 便出 (大原孚代 先師靈骨猶在)

☁ 설두현 선사 송

토끼와 말은 뿔이 있고
소와 양은 뿔이 없다
터럭 만큼도 없고, 티끌 만큼도 없으며
산 같고, 태산 같다
황금빛 사리가 지금도 있다 하나
흰 물결, 하늘에 넘치니 어디에 두겠는가
둘 곳 없음이여
한 짝 신 들고 서쪽으로 돌아갔다 하여도 잃어버린 걸세

雪竇顯 頌
兎馬有角
牛羊無角
絶毫絶氂
如山如岳
黃金靈骨今猶在
白浪滔天何處着
無處着
隻履西歸曾失却

☁ 단하순 선사 송

근본 바탕 비고 밝으나 한 물건도 없으니
몇 사람이 황금사리 알아 얻었을꼬
어깨에 가래 메고 곧바로 떠나갈 때여!
종래의 잘한 말들이 도리어 말더듬이 같네

丹霞淳 頌
本地虛明無一物
幾人認得黃金骨
持鍬肩上便行時
大辯從來還若訥

♧ 법진일 선사 송

생전에는 지음하여 만나지 못하더니
죽은 뒤엔 무리에서 사리나 찾고 있구나
눈앞에 있거늘 어찌 다시 찾으려 하는고?
황금자물쇠 뜨고 잠김에 맡기네

法眞一 頌
生前曾不遇知音
沒後徒將靈骨尋
只在目前何更覓
黃金鏁子任浮沉

ꩰ 보녕용 선사 송

종일토록 문에서 밀쳐져 누각에 기대어
몇 번을 머리 돌려 밝은 거울에 빗은 머리를 비춰봤던가
일부종사 그만두고 샛서방 본 뒤에
사람 앞에서 부끄러움을 알지 못했음을 알아야 하네

保寧勇 頌
終日挨門後倚樓
幾廻明鏡照梳頭
一從事却潘郎後
也解人前不識羞

ꩰ 취암종 선사 송

밝음 속에서 손해보고
어둠 속에서 거꾸러졌네
독 묻은 손으로 앓는 곳을 긁음이여
눈[雪] 속에 해오라기 날아도 보이지 않고
한 개의 은병이 나뭇가지에 걸렸네

翠嵓宗 頌
明頭落節
暗裏喫交
毒手當渠痒處抓
雪裏鷺鷥飛不見
一隻銀瓶柱樹梢

◌ 숭승공 선사 송

죽었다고도 살았다고도 말할 수 없는 것이 본래의 본성이어서
때리고 때려 죽은 것을 살리는 데 이르게 한다 할지라도
적멸락에는 그대 이르지 못하리니
그대도 여기에 이르러서는 다시 행하기 어려우리라

崇勝珙 頌
死生不道本來情
打打從敎到死生
寂滅樂中君未到
君能到此更難行

ↀ 원오근 선사 송

살았는가, 죽었는가?
축착합착[11]일세
말하지 못하지 말하지 못해 함이여
머리는 숨겼으나 뿔이 드러났네
황금사리여 금옥소리 쟁쟁하고
흰 파도 하늘까지 찬다 함이여 뛰어나고 뛰어나네
관문을 뚫은 이에게 은근히 이르노니
만 리의 홀로인 광채, 영원히 빛남일세
더듬을 길 없으니
조주의 돌다리는 외나무다리로 이뤄졌네

圜悟勤 頌
生耶死耶
築着磕着
不道不道
藏頭露角

11) 축착합착(築着磕着) : 두 개의 사물이 딱 들어맞아서 틈이 없는 모양. 돌과 돌이 부딪쳐 '딱'하는 소리를 내듯 부딪쳐 안다는 뜻.

黃金靈骨鏗鏘

白浪滔天卓犖

殷勤爲語透關人

萬里孤光長爍爍

無摸摖

趙州石橋成略彴

장령탁 선사 송

목인이 판을 잡고 구름 위에서 노래하고
석녀가 구멍이 난 가죽신을 신고 물 위를 걷는다
살았건 죽었건, 죽었건 살았건 묻지를 말라
원래부터 한낮에 삼경종을 침일세

長靈卓 頌
木人把板雲中唱
石女穿靴水上行
生死死生休更問
從來日午打三更

ᔕ 개암붕 선사 송

옛부터 은혜가 깊으면 원수 됨도 깊으니
은혜를 잊고 원수도 끊으면 참모습을 보리라
가래 사리 찾음 알려는가
흰 파도 높은 속에 몸을 굴리는 도리 있느니라

介庵朋 頌
自古恩深怨亦深
恩忘怨斷見天眞
肩鍬便解尋靈骨
白浪堆中有轉身

ᢁ 명초 선사가 말하였다.

무엇이라고도 이를 수 없다 하면 달리 무슨 말을 하겠는가?
(대신 말하기를)
가마우지가 학에게 말을 한다.
(또 점원 선사를 대신하여 말하기를)
곧바로 가래를 던져버리고 "에잇! 얕은 물에 고기가 없구나." 했어야 하느니라.

明招 云 莫道作什麽 別下得什麽語 代云 鸕鷀語鶴 又代漸源 便擲却鍬子云 噫 淺水無魚

☁ 불인원 선사가 이 칙을 들고 말하였다.

석상 선사가 똥 위에다 똥을 더하여 천 개의 점원 선사를 불러 일으켜 깨닫게 해도 아무런 소용이 없으리라.

당초에 그가 이야기를 하자마자 방망이로 때려 내쫓았더라면 다만 천하의 종사가 되었을 뿐 아니라 도오 선사 역시 굴욕된 바를 씻었을텐데 마땅히 끊을 것을 끊지 않아 도리어 어지러움을 부르는구나.

佛印元 拈 石霜 屎上加尖 喚醒千介漸源 也無用處 當初 待伊擧了 以棒打出 非唯作天下宗師 亦乃與道吾 雪屈 固知當斷不斷 返招其亂

ꕤ 대위수 선사가 이 칙을 들고 말하였다.

대부분 이야기란 반드시 전신(轉身) 계책이 있어야 하는데 도오 선사가 처음부터 가려냄이 없어서 점원 선사의 아픈 방망이를 맞았도다. 말해보라.

점원 선사가 어떤 안목을 갖췄던가?

大潙秀 拈 大凡言論 須有轉身之謀 道吾 旣無便 喫他痛棒 且道 漸源 具什麽眼

ᗢ 천동각 선사가 상당하여 이 칙에서 "때리려면 마음대로 때려라만은 말하라 한 즉 말하지는 못하지." 한 것까지 들고 말하였다.

도오 선사가 그와 같이 이른 것이 이미 귀를 가리고 방울을 훔치는 격이다. 다시 한 바탕 호되게 맞으니 마치 돈을 잃고 벌 받는 것 같도다. 여러분은 알겠는가? 각 상좌에게도 게송이 있도다.

살았다 하겠는가, 죽었다 하겠는가?
말하지 못하겠다 말하지 못해
사나운 개가 어리석게 흙덩이 쫓을 줄만을 알았을 뿐
놀라서 풀 속에서 뛰어나온 뱀을 죽인 것이야 누가 보았겠는가
눈여겨보라, 집안의 숲 속에서 보아 수긍하라
가지 위의 이른 봄빛 흩어지지 않누나

天童覺 上堂擧此話 至打則任打 道則不道 師云 道吾與麽道 已是掩耳偸鈴 更被爛打一頓 大似失錢遭罪 諸人 還委悉麽 覺上座 有頌
生也死也
不道不道
只知憨狗怒逐塊
誰見死蛇驚出草

着眼家林裏許看
不崩枝上春陽早

ꔰ 천동각 선사가 상당하여 이 칙에서 "말하지 못하지. 말하지 못해." 한 것까지 들고 다시 말하였다.

살았다고도 못하고, 죽었다고도 말하지 못한다 함이여, 보는 것으로도 취하지 못하고 생각으로도 이르기 어렵다.

작용을 쉬었으나 영원히 신령스럽고, 본체가 비었으나 스스로 묘하네. 고요하고 고요한 옛길에 다니는 이 없음이여.

청산을 눈[雪]이 씻으니 일찍이 추위를 깨닫네.

又上堂擧此話 至不道不道 師云 生也不道 死也不道 見之不取 思之難到 用息而長靈 體虛而自妙 寥寥古路無人行 雪洗靑山覺寒早

ꩰ 삽계익 선사가 이 칙을 들고 말하였다.

도오 선사가 재빨리 말했으나 물과 젖을 가릴 줄 모르니 어쩌랴. 법운이 오늘 여러분께 분명히 설파하지 않을 수 없다. 신령한 근원은 이러-히 고요해서 예도 이제도 없고 묘한 본체는 비고 밝으니 무엇이 죽음이며, 무엇이 태어남인가.

온 세계가 모두 무너지더라도 무너지지 않는 몸이 있는 줄 알아야 하고, 여섯 길에 윤회하더라도 윤회하지 않는 바탕이 있는 줄 알아야 한다.

그러므로 니련하 강가에서 두 발을 보이셨고 웅이산 마루에 한 짝 신을 남겼다. 이것으로써 백 토막의 뼈는 모두 흩어져서 불과 바람으로 돌아가지만 한 물건은 영원히 신령하여 하늘과 땅을 덮는 줄 알 수 있다.

그러나 이러-해서 이 두 노장이 지고 나가기는 했으나 지고 들어오지는 못했으니 대중들이여, 말해보라. 지고 들어오는 한 구절을 어떻게 말해야 되는가?

(잠잠히 있다가)

옥전각이 반쯤 열렸는데 황금쇠사슬로 막혔으니, 밤 깊은데 어느 누가 왕궁을 보는 임금이겠는가.

악!

악!

雪溪益 拈 道吾 道則大殺道 爭奈水乳不分 法雲 今日 不免爲諸人分明說破 靈源湛寂 無古無今 妙體 虛明 何生何死 大千俱壞 須知有不壞之軀 六道輪廻 須知有不輪廻之質 所以 泥連河畔 特示雙趺 熊耳峰前 曾留隻履 是知百骸 俱散 歸火歸風 一物 長靈 盖天盖地 然雖如是 這兩介老子 也只是負出不負入 大衆 且道 負入一句 作麽生道 良久云 玉殿半開金鏁澁 夜深誰見紫微君 喝一喝

☁ 해회연 선사가 상당하여 이 칙에서 '점원 선사가 곧바로 때렸다.' 한 것까지 들고 말하였다.

백운은 오늘 분함을 참을 수 없어서 이 공안을 판단해야 되겠다. 도오 선사는 첫째, 자기 몸에 있어서 주인을 짓는 것을 알지 못했고, 둘째는 능히 기틀을 따라 속세에 들 줄도 몰랐다.

당초에 그가 "살았는가, 죽었는가?" 물을 적에, 다만 그에게 "절로 돌아가면 너에게 이야기해 주리라."라고 당시에 만약 말했더라면 영리한[12] 사람인지라 한 번 걸음마다 밟았을 것이요, 점잖은 도오 선사도 한 방망이를 면할 수 있었을 것이다.

주먹에 눈이 있으니 자세히 보라.

海會演 上堂擧此話 至源 便打 師云 白雲 今日 忿氣不堪 須要斷者公案 道吾 第一不解與身作主 第二不能隨機入俗 當初 待伊問道 生耶死耶 但向伊道 等歸院裏向你道 當時若着得者語 靈利漢一踏踏着大小大道吾和尙 也又免得一頓 拳頭有眼底 子細看

12) 원문에 영리한(靈利漢)이라고 되어 있는데, 이는 두뇌가 명석하고 불도에 투철한 사람이라는 뜻이다.

ↄ 원오근 선사가 이 칙에서 "말하라 한 즉 말하지는 못하지." 한 곳까지 들고 말하였다.

은산철벽이니 오를 층계가 어디에 있으랴. 산승이 오늘 밤에 비단 위에 수를 놓듯, 쳐서 활짝 열어 이 공안을 분별해 보겠다.

살았다고 해도 온전한 기틀 나툼이요, 죽었다고 해도 온전한 기틀 나툼이라. 말하지 못한다 하고 또 말하지 못한다 함이여. 거기에는 등도 낯도 없도다.

당장에 알아들으면 한 올의 실도 막힘이 없느니라. 온 허공을 꽉 채웠으니 참마음 조각마다 영원하네.

圜悟勤 擧此話 至道則不道 師云 銀山鐵壁 有什麽階昇處 山僧 今夜 錦上鋪花 八字打開 商量者公案去也 生也全機現 死也全機現 不道復不道 介中無背面 直下便承當 不隔一條線 逼塞大虛空 赤心 常片片

🙞 원오근 선사가 이 칙에서 도오 선사가 말하기를 "말하지 못하지. 말하지 못해." 하자 점원 선사가 어리둥절하더니 나중에 어디선가 관음경을 외우는 소리를 듣다가 갑자기 크게 깨달았다는 것까지를 들고 다시 말하였다.

도오 선사는 중생을 위해 몸을 던져 생사의 근원을 지적해 내었고, 점원 선사는 몸소 보배산에 이르렀으나 한결같이 마주 보면서도 어긋났다.

만일 금강 같은 바른 성품이거나 여러 생에 선근을 깊이 심은 이가 아니면 어떻게 평지의 풀 속에서 갑자기 광채를 돌이켜 도오 선사가 자기를 위해 힘쓴 곳을 보았겠는가? 그러면 어떤 것이 도오 선사가 그를 위해 힘쓴 곳인가? 말해보라.

又擧此話 至吾云 不道不道 漸源 罔測 後來在一處 聞誦觀音經 至忽然大悟 師云 道吾 橫身爲物 指出生死根源 漸源 親到宝山 一向當面蹉却 若不是金剛正性 宿植根深 爭得向平田淺草 驀地廻光 見得道吾着力相爲處 且作麽生是道吾着力相爲處 試請道看

☁ 운문고 선사가 대중에게 보이고 이 칙을 들고 말하였다.

살았다고도 말하지 못하고 죽었다고도 말하지 못한다 함이여.

공안이 두 겹이나 한 문서에 수령하리니 날을 드러낸 취모검에 그물을 끊어버리기를 바라노라.

악취 나는 적삼을 벗어버리고 때에 찌든 모자를 벗어 든 뒤에 고관대작의 수레에 버젓이 앉았으니 기세가 등등하다.

악!

악!

雲門杲 示衆 擧此話云 生也不道死也不道 公案兩重 一狀領到 露刃吹毛 截斷網要 脫却鶻臭衫 拈了炙脂帽 大坐當軒氣浩浩 喝一喝

 대원 문재현은 이 칙을 모두 듣고나서 이르노라.

찾는 것이라면 선사(先師)의 사리겠는가?

이 공안을 두고 이른 조사님들
그런 말을 어떻게 지었던고
한산 습득 배를 잡고 웃겠소

565칙 눈으로 보면서 말없이 보이다

본 칙

점원 선사가 어느 날, 종이 휘장 안에 앉았는데 어떤 선승이 와서 휘장을 열어 치켜들고 인사를 하였다.

점원 선사가 눈으로 보면서 말없이 보이다가 말하였다.

"알겠는가?"

선승이 대답하였다.

"모르겠습니다."

점원 선사가 다시 말하였다.

"칠불 이전의 일이거늘 어째서 모르는가?"

나중에 그 선승이 석상 선사에게 가서 이야기하니 석상 선사가 말하였다.

"사람이 활을 쏠 줄 알면 화살을 헛되이 쏘지 않는 것과 같으니라."

漸源 一日 因在紙帳內坐 僧來撥開帳子云 不審 師以目視之 良久云

會麽 僧云 不會 師云 七佛已前事 爲什麽不會 後僧擧似石霜 霜云 如人解射 箭不虛發

⇔ 동림총 선사가 이 칙을 들고 말하였다.

칠불 이전의 일이라 해도 곧 거듭 좇음이거늘 석상 선사는 무엇을 화살이라 했을까?

(말없이 보이다가)

점원 선사는 머리가 희고, 석상 선사는 머리가 검다.

칠불 이전의 일이라면 일찍이 누설되었다. 이미 누설되어 가릴 수 없음이여.

남해의 파사(페르시아)에 백택이 살고 있다.

東林揔 拈 七佛已前事 卽且從 石霜 喚什麽作箭 良久云 漸源 頭白石霜 頭黑 七佛已前 曾漏泄 旣漏泄掩不得 南海波斯生白澤

ᨕ 천동각 선사가 상당하여 이 칙을 들고 말하였다.

이러-히 맑고 맑아 어둡지 않고, 끊어짐 없이 본래대로 있는 것이다. 삼세의 부처님이 보호하여 지니기를 정수리 같이 하고, 역대의 조사들이 전하고 받아 전하기를 목숨 같이 여긴다. 그러면 어떻게 알아야 다 깨닫겠는가? 알겠는가?

늙고 여윈 얼굴의 조부가 찬 자리에 앉았는데 백발의 손자가 밤에 문 앞을 지나친다.

天童覺 上堂擧此話云 湛湛不昏 綿綿若存 三世佛 護持 爲之頂相 歷代祖師 傳授 爲之命根 且作麽生體悉 還會麽 蒼顔祖父寒居位 白髮兒孫夜過門

 대원 문재현은 이 칙을 모두 듣고나서 이르노라.

칠불 이전의 일이야 어찌 점원 선사의 눈이나 뜨고 보는 데만 있겠는가? 만연한 일인데.

무심히 흐르는 낙숫물도
자나 깨나 이르고 있으며
뜰 장미도 활짝 피어 이르네

566칙 아직도 나루터에 막혀 있다

 본 칙

점원 선사에게 보개 선사가 찾아와 서로 보는데 점원 선사가 발을 걷고 방장으로 들어가서 앉으니 보개 선사는 발을 내리고 객의 자리로 돌아갔다. 이에 점원 선사가 시자를 시켜 말을 전하였다.

"먼 길을 오기에 쉽지 않았겠지만 아직도 나루터에 막혀 있다 하라."

시자가 가서 이 말을 하자마자 보개 선사가 곧바로 한 대 때리니, 시자가 말하였다.

"조실 화상이 계신데 저를 때리지 마십시오."

보개 선사가 말하였다.

"화상이 있기 때문에 너를 때리는 것이다."

시자가 돌아와서 점원 선사에게 이야기하니 점원 선사가 말하였다.

"아직도 나루터에 막혀 있다."

漸源 因宝盖來相看 師乃卷簾 入方丈坐 盖 下却簾 歸客位 師令侍者傳語云 遠涉不易 猶隔津在 才語了 盖便打一掌 者云 有堂頭和尙在 莫打某甲 盖云 爲有和尙 所以打你 者回擧似師 師云 猶隔津在

◎ 천동각 선사가 이 칙을 들고 말하였다.

분명하지만 아직도 나루터에 막혀 있다. 그러한 즉 각각이 저라는 저여서 원래 한 집안이거늘 어찌하여 같이 살고 같이 죽는 같은 운명에서 나뉘어졌는가.

어두운 속에서 뼈를 뽑고, 밝은 속에서 혀끝도 꼼짝하지 않는다.

天童覺 拈 酌然 猶隔津在 然則各各彼彼 自是一家 且作麽生得同生同死 共命連枝去 暗裏抽橫骨 明中坐舌頭

 대원 문재현은 이 칙을 모두 듣고나서 이르노라.

당시에 이 사람이라면 말을 전한 시자를 시켜서 차 한 잔을 드렸을 것이다.

점원은 자비의 병이 깊고
보개는 듣는 귀가 어둡다
아차차, 나 보게 차나 드세

567칙 이 빛깔보다 지날 것이 있겠는가

본 칙

원주 앙산 혜적 지통 선사가 눈사자[雪獅子]를 보고 가리키면서 말하였다.

"이 빛깔보다 지날 것이 있겠는가?"

대중이 대답이 없자, 운문 선사가 말하였다.

"그때에 밀어서 쓰러뜨렸어야 했느니라."

(설두현 선사가 "운문은 밀어서 쓰러뜨릴 줄만 알았고, 붙들어 일으킬 줄은 몰랐다." 하였다.)

袁州仰山惠寂智通禪師 因見雪師子 乃指云 還有過得此色者麼 衆無對 雲門 云 當時 便與推倒 (雪竇顯 云 雲門 只解推倒 不能扶起)

☁ 해인신 선사 송

아이들이 눈을 뭉쳐 사자를 만드니
보는 이, 모두가 기뻐하지 않는 이 없었네
땅에 앉은 모습 사납고 위엄 있어 보이나
머리를 흔들거나 꼬리를 털 줄은 모른다
앙산이 일찍이 납자들에게 가리켜 보였는데
운문이 쓰러뜨렸으니 누가 붙들어 세우랴
눈사자여, 눈사자여
비슷하기는 비슷하나 곧 옳지는 않다

海印信 頌
騃童積雪爲師子
觀者無不生欣喜
雖然踞地勢威獰
不解搖頭兼擺尾
仰山曾指示禪人
雲門推倒誰扶起
雪師子雪師子
似卽似是卽未是

☁ 천동각 선사 송

한 번 쓰러뜨리고 한 번 일으킨 뜰에 있는 눈사자여
범하는 일 삼가고 어진 맘 품었으니
용맹한 행동에 바른 봄이구나
청정한 광명이 눈을 비춤에 집 잃은 듯하더니
명백히 몸 뒤집어 다시 제자리에 돌아왔네
납자들의 집이란 의지할 곳 없는 것이어서
같이 죽고 같이 사니
누가 이이이고, 누가 저이인가
따스한 봄소식이 매화송이 터트리니
봄빛이 찬 가지에 이르르고
쓸쓸한 광풍에 나뭇잎이 날리니
가을 흐린 못 물이 맑아지누나

天童覺 頌
一倒一起
雪庭師子
愼於犯而懷仁
勇於爲而見義

淸光照眼似迷家

明白轉身還墮位

衲僧家了無寄

同死同生

何此何彼

暖信破梅兮

春到寒枝

涼飇脫葉兮

秋澄潦水

◎ 장로색 선사 송

아이들의 공부놀이 어찌 자랑하며 만족하게 여기랴
봄바람 움직이기 전에도 또한 고르지 않다
앙산일색, 일찍이 쓰러트려짐이여!
운문 외에도 다 노작가일세

長蘆賾 頌
兒戱功夫豈足誇
春風未動且齟齬
仰山一色曾推倒
除是雲門老作家

ꕀ 지비자 선사 송

눈으로 만든 사자를
밀어 쓰러뜨린다 함을 아는 이 없구나
봄이 되고 날씨마저 따스하니
다시는 털끝만한 것도 없구나

知非子 頌
雪作師子兒
推倒沒人窺
春來日又暖
更不存毫絲

ↀ 개선섬 선사가 그 선승을 대신하여 말하였다.

화상께서 물으시지 않을 때가 좋았습니다.

開先暹 代僧云 和尙未問時 好

☙ 대홍은 선사가 이 칙을 들고 말하였다.

밀어 쓰러뜨리고, 붙들어 일으키는 것은 오히려 예사로운 일이거니와 모아 빚고, 놓아주어 버리는 일엔 밝게 살피는 이를 만나기 어렵다. 옛 사람들이 사람을 위하던 곳을 알겠는가?

모름지기 방울 물이 방울로 언다는 납자라야 된다.

大洪恩 拈 推倒扶起 盖是常儀 捏聚放開 罕逢明鑑 還知古人爲人處麽 也須是箇滴水滴凍底衲僧 始得

∽ 낭야각 선사가 상당하여 이 칙에서 '붙들어 일으킬 줄은 몰랐다.' 한 것까지 들고 말하였다.

지금 그대들에게 묻노니 밀어 쓰러뜨림과 붙들어 일으킴의 서로의 거리가 얼마인가?
주장자가 눈썹과 콧구멍 속을 스치고 지나간다.
(큰 소리로 껄껄 웃으며 주장자를 내던지다)

瑯琊覺 上堂擧此話 至不能扶起 師云 卽今問汝諸人 推倒扶起 相去多少 柱杖子 拶過眉毛鼻孔裏 呵呵大笑 便擲下柱杖

ꕤ 법진일 선사가 이 칙을 들고 말하였다.

밀어 쓰러뜨림과 붙들어 일으키는 일은 없지 않거니와 어떤 것이 앙산 선사가 당시에 사람을 위하던 곳인가?

法眞一 拈 推倒扶起則不無 作麽生是仰山當時爲人處

☁ 천동각 선사가 소참법문을 할 때 이 칙에서 '붙들어 일으킬 줄은 몰랐다.' 한 것까지 들고 말하였다.

이 이야기를 총림에서는 날카로운 말로 서로 만나 상량하기를 많이 한다는데 맞는 것인가? 만일 그렇지 않다면 어떻게 해야 맞겠는가? 각 상좌가 오늘밤 두 줄기 눈썹을 아끼지 않고 한 쪽 손을 내밀어 옛 사람을 만나보도록 하리라.

앙산 선사의 그런 이야기는 흡사 한 틀의 비단 같은데 운문은 긴 것을 재단하는 것을 잘 알았고 설두는 한쪽이 짧은 것을 깁는 데 능하였다.

이 세 존숙은 각각 장점이 있으니 여러분은 끝내 어느 사람을 본보기로 삼겠는가?

다만 봄바람이 힘을 다하여 일시에 우리 문 안으로 불어 들어오기를 바랄 뿐이다.

만일 이렇게 안다면 죽이고 살리는 수단과 사방에 공통하는 안목을 갖추리니, 다만 오직 교화문의 선봉에서 팔면의 상대에 응함으로써 은혜를 갚을 뿐 아니라, 비로자나의 정수리 위에서 가로세로로 자유자재하리라. 만일 그렇지 못하다면 거듭 게송을 읊지 않을 수 없구나.

납자의 파비여

두렷하고 밝아 무리에서 뛰어남이여
당장에 밀어 쓰러뜨리기도 하고
붙들어 일으키기도 한다
옥마가 명월천을 마셔서 말리고
진흙소가 유리땅을 남김없이 갈았다
털을 입고 뿔을 이고 뛰어난 마음으로 오는 이
하늘이나 인간에서 몇이나 되겠는가

天童覺 小叅 擧此話 至不能扶起 師云 此話 叢林有底 多作機鋒相見商量 還當也未 若不恁麽 又合如何 覺上座 今夜 不惜兩莖眉 傍出一隻手 要與古人相見 仰山與麽說話 大似一機之絹 雲門 善解裁長 雪竇 偏能補短 三尊宿 各有長處 衲僧家 畢竟取何人作則 但願春風多着力 一時吹入我門來 若也恁麽會去 乃有殺活手 具通方眼 不唯報化門頭 八面受敵 亦乃毗盧頂上 十字縱橫 其或未然 不免重說偈言去也

衲僧巴鼻
圓明絶類
直須推倒
却要扶起
玉馬飮乾明月泉
泥牛耕破琉璃地

披毛戴角異中來
天上人間能幾幾

 대원 문재현은 이 칙을 모두 듣고나서 이르노라.

그렇게 말을 한 앙산 선사를 쏘아보다가 그 자리를 떨치고 나왔어야 했다.

이러쿵 저러쿵 하시는
세 분 노장 무엇하는 분인가
시자야 물 가져온, 귀나 씻자

568칙 오로봉(五老峰)

본 칙

앙산 선사가 어떤 선승에게 물었다.

"요즘 어디에서 떠났는가?"

선승이 대답하였다.

"여산에서 떠났습니다."

앙산 선사가 말하였다.

"일찍이 오로봉에 가보았는가?"

선승이 대답하였다.

"가보지 못했습니다."

앙산 선사가 말하였다.

"사리가 산에서 놀지도 못했다니."

이에 운문 선사가 말하였다.

"이 말이 모두가 자비 때문에 풀 속에 떨어져 있는 이야기니라."

仰山問僧 近離什麽處 僧云 廬山 師云 曾到五老峰麽 僧云 不曾到 師云 闍梨 不曾遊山 雲門 云 此語 皆爲慈悲之故 有落草之談

꩜ 설두현 선사 송

풀 속을 들고나는 일
누가 깊이 살펴 찾을 줄 알꼬
백운은 겹겹이 끝이 없고
붉은 해는 높고 높다
왼쪽으로 돌아볼 틈이 없고
오른쪽으로 보기도 이미 늙었다
그대 보지 못했는가?
한산이 너무 너무 빨리 가서
십년이 되도록 돌아오지 않은 것은
오는 길을 잊었는가 하노라

雪竇顯 頌
出草入草　誰解尋討
白雲重重　紅日杲杲
左顧無暇　右眄已老
君不見　寒山子行大早
十年歸不得　忘却來時路

☁ 법진일 선사 송

풀 속을 나설 때가 풀 속에 들 때 같으랴
온 몸을 풀 속에 드는 일, 자비의 함이로세
앙산이 닥치는대로 그를 따라가서
아직껏 갈림길에 있구나

法眞一 頌
出草何如入草時
全身入草爲慈悲
仰山隨手隨他去
直至如今在路岐

☁ 운거원 선사가 상당하여 이 칙에서 "'산에서 놀지도 못했다니' 라고 하니 선승이 말이 없었다." 한 것까지 들고 말하였다.

그러한 한가한 공부는 없느니라.

(또 운문 대사가 "자비 때문에 풀 속에 떨어져있는 이야기니라." 했으나 만일 풀 속에서 나온 이야기라면 그렇지도 않으리라.

보지 못했는가? 오구 선사가 어떤 선승에게 "요즘 어디서 떠났는가?" 하자 선승이 "강서에서 떠났습니다." 하고 오구 선사가 곧바로 때리면서 "그대는 이미 알지 못하니 다른 사람이나 오라." 하니 그 선승이 우물쭈물하며 말하려 하자 오구 선사가 "같은 구덩이에는 다른 흙이 없다. 방으로 가서 참선이나 하라." 한 것을 들고 말하기를)

대저 작가인 종사가 납자를 사로잡으려면 모름지기 필마단창으로 백만 진중으로 뛰어들어 살아있는 수석대장 한 명이라도 베어 죽이려, 목숨을 걸고 사력을 다하다 죽는 일과 위태로움에 처해 멸망하는 것을 돌아보지 않아야 한다.

만일 운거라면 그렇게 하지 않으리니 그를 풀 속에 들게 놓아두지도 않고 그가 풀 속에서 나오도록 가르치지도 않으며 다만 큰 방 안에서나 법좌 앞에서 그와 서로 보리라.

만일 여기서 알아차리면 꼭 바람 없는데 물결을 일으킬 것이 없느니라.

雲居元 上堂擧此話 至不曾遊山 僧 無語 師云 沒這閑工夫 又擧雲門大師道 皆爲慈悲之故 有落草之談 若是出草之談則不與麽 不見 烏臼問僧 近離什麽處 云 江西 臼便打云 你旣不會 第二底近前來 僧擬議 臼云 同坑 無異土 叅堂去 師云 夫作家宗師 要擒衲子 須是匹馬根鎗 直入百萬陣中 活斬一員上將 出生入死 不顧危亡 若是雲居卽不然 也不放你入草 也不敎伊出草 只於僧堂裏法座前 與你相見 若這裏會得 未必無風起浪

☁ 대위수 선사가 이 칙을 들고 말하였다.

요즘 사람들이 모두가 "자비 때문에 풀 속에 떨어져 있는 이야기니라." 하니 달 건지려 할 줄만 알았지 물 깊은 줄은 몰랐기 때문이다.

만일 운문이라면 그때 입술을 다물었을 것이나 뒷사람들이 알지 못하리라. 만약 알도록 이야기해본다면 그러한 즉,

해파리는 눈이 없어서 먹이를 찾으려면 반드시 새우에 의지해야 되느니라.

大潙秀 拈 今人 盡道慈悲之故 有落草之談 只知捉月 不覺水深 忽若雲門 當時 謹愼唇吻 未審後人 若爲話會 然 水母無目 求食 須假於蝦

☁ 대위철 선사가 이 칙을 들고 말하였다.

앙산 선사는 가위 고금에 빛났고 운문은 비록 근본 요점 들어서 천하의 납자들의 입이 다물어지고 말이 끊어지게 하려 했으나, 바람 없는데 파도를 일으킨 것이야 어쩌겠는가? 여러분은 그 선승을 알겠는가?

몸소 여산에서 왔느니라.

大潙喆 拈 仰山 可謂光前絶後 雲門 雖然提綱宗要 鉗鍵天下衲僧 爭奈無風浪起 諸人 還識這僧麼 親從廬山來

☁ 천동각 선사가 이 칙을 들고 말하였다.

운문 선사가 비록 앙산 선사의 속마음을 알았다지만 하나만을 알고 둘은 몰랐으니 어찌하랴. 말해보라. 앙산 선사의 뜻이 무엇인가?

무한 풍류를 드날리는 것도 마음 내키지 않으나 사람들에게 좋은 낭군을 가리켜보여 면하게 함이니라.

天童覺 拈 雲門 雖然識得仰山底裏 爭奈只知其一 不知其二 且道仰山意作麼生 無限風流 慵賣弄 免人指點好郎君

ꩠ 황룡심 선사가 이 칙을 들고 말하였다.

운문 선사와 앙산 선사는 옥을 받으려는 마음뿐이요, 성을 떼어 주려는 뜻은 없었지만 그 선승이 일시에 가장 요긴한 곳을 지나는 줄은 전혀 몰랐구나. 황룡은 오늘 다시 죽은 말을 일어나게 하는 의원이 되어보리라.
(불자를 들어 선승에게 건네주려는데 선승이 우물쭈물하자 선사가 곧바로 때렸다.)

黃龍心 拈 雲門仰山 只有受璧之心 且無割城之意 殊不知被者僧一時領過 黃龍 今日 更作死馬醫 乃拈拂子度與僧 僧擬議 師便打

ꕤ 자수 선사가 상당하여 이 칙을 들고 말하였다.

옛 사람이 싹에 의하여 땅을 분별하고, 말하는 것에 의해 사람을 알아보았던 것은 그만두고, 일찍이 여러분은 오로봉에서 놀아보았는가?

(웃으면서 말하기를)

또 저렇게 가는구나. 여산의 오로봉을 알려면 어디선들 만나지 못하리오. 혀끝에 뼈가 없이 사람을 따라 전함이여.

다리미는 차 달이는 냄비와 같지 않다.

慈受 上堂擧此話云 古人 從苗辨地 因語識人 卽且止 諸人 曾遊五老峰麽 師笑云 又伊麽去也 識得廬山五老峰 箇中何地不相逢 舌頭無骨隨人轉 熨斗煎茶銚不同

 대원 문재현은 이 칙을 모두 듣고나서 이르노라.

이렇게 선승을 대하는 앙산 선사의 뜻이 어디에 있는가?
(잠잠히 있다가)
오늘은 운세가 좋아 봉변을 면했구나.

오로봉을 찾으려 하는가?
그림자 없는 산에 이르면
눈 감아도 드러나 있을 걸세

569칙 불법은 도리어 노승이 누린다 해야 하리라

본 칙

앙산 선사가 어느 날, 갑자기 이상한 선승이 허공을 타고 이르러서 절을 하고 앞에 서있는 것을 보자, 물었다.

"요즘 어디서 떠났는가?"

그 선승이 대답하였다.

"새벽에 서천에서 떠났습니다."

앙산 선사가 말하였다.

"왜 그리 더디었는가?"

선승이 대답하였다.

"산 구경을 하고, 물 구경을 하다가 왔습니다."

앙산 선사가 말하였다.

"신통과 묘용이 그대에게 없지는 않지만 불법은 도리어 노승이 누린다 해야 하리라."

선승이 말하였다.

"동토의 문수에게 예배하러 왔더니, 도리어 작은 석가를 만났습니다."

서천의 패다라 잎을 내어 주더니 절을 하고 구름을 타고 허공에 올라 날아갔다.

仰山 一日 忽見異僧乘虛而至 作禮而立於前 師問 近離甚處 曰早辰離西天 師云 何大遲生 曰游山翫水 師云 神通妙用 不無闍梨 佛法須還老僧 始得 僧曰 特來東土禮文殊 却遇少釋迦 遂出西天貝多葉與師 作禮乘雲騰空而去

○ 법진일 선사 송

나한이 앙산 선사 노인을 찾아옴이여
성문이 공을 아직 다하지 못했단 말 믿겠네
물음을 입고도 관문의 열쇠를 알지 못하는구나
이 신통은 원래 지니고 있는 것이라네

法眞一 頌
應眞來訪仰山翁
須信聲聞未盡空
問着不知關捩子
元來只是有神通

☁ 숭승공 선사 송

오백 나한 가운데 몇째 분인가?
발꿈치가 티끌에 닿은 적 없다 하나
앙산 선사의 관문 뚫기에는 하늘 같이 머니
물 구경, 산 구경에 고생했네

崇勝珙 頌
五百人中第幾人
脚跟曾未點埃塵
仰山關竅如天遠
翫水遊山涉苦辛

☁ 백운병 선사 송

천축을 멀리 떠나 길은 멀고 먼데
몸소 지나를 향해 바닷물을 희롱했네
만일에 맑은 바람, 문 밖에서 얻는다고 하면
끌어다가 등나무채찍 네 대를 쳐야 하리

白雲昺 頌
遠離西竺路迢迢
親向支那弄海潮
若要淸風生閫外
拽來好與四藤條

ꕀ 동림총 선사가 이 칙을 들고 말하였다.

제방에서 헤아리는 분별이 삼 같고 조 같아, 모두가 말하기를 "그 눈 푸른 오랑캐가 와도 자취가 없고 가도 자취가 없으니, 참으로 고금에 비할 바가 없도다. 만일 앙산 선사가 아니었다면 주었다 빼앗았다 하기 어려웠을 것이다."라고 하니 여러 선덕들아, 그 눈 푸른 오랑캐는 허공을 타고 왔다가 허공을 타고 갔으나 전혀 알지 못했다. 일생 동안 허공에서 살림을 한다 해도, 어디에 고금에 빛남이 있겠는가?

점잖은 앙산 선사는 오히려 저 더러운 물 두 바가지를 순식간에 머리에 덮어썼다. 그때에 집운봉 밑에는 바른 법령이 있었는데 어째서 시행하지 않았던고?

대중들이여, 말해보라. 어떤 것이 바른 법령인가?

돌!

東林摠 拈 諸方商量 如麻似粟 盡道 這碧眼胡兒 來無蹤去無迹 直是光前絶後 若不是仰山 也難爲縱奪 諸禪德 殊不知這碧眼胡兒 騰空而來 騰空而去 一生 只在虛空裏作活計 有什麽光前絶後 大小仰山 被他將兩杓惡水 驀頭澆了也 當時 集雲峰下 自有正令 何不施行 大衆 且道 作麽生是正令 咄

⊂⊃ 운문고 선사의 문답

운문고 선사가 상당하였는데, 어떤 선승이 물었다.

"앙산 선사가 '신통의 유희는 존자에게 없지는 않지만 불법은 도리어 노승이 누린다 해야 하리라.' 했으니 그는 무슨 이치에 의해서 한 말입니까?"

운문고 선사가 말하였다.

"입을 열고 웃을 줄만 알았고, 혀끝이 긴 줄은 깨닫지 못하였느니라."

선승이 다시 물었다.

"그러면 오늘, 도리어 화상의 웃음을 입었습니다."

운문고 선사가 말하였다.

"소리를 지르면서 메아리를 멈추려 해서 무엇 하겠는가?"

선승이 다시 물었다.

"신통의 유희는 존자에게 없지 않지만 불법은 경산께서 누린다 해야 된다 하겠습니다."

운문고 선사가 말하였다.

"도리어 경산을 봤는가?"

선승이 말하였다.

"조금은 농한다 하겠습니다."

운문고 선사가 말하였다.

"눈이 있어도 소경과 같구나."

그리고는 다시 말하였다.

"신통의 유희는 앙산 선사가 분명히 알지 못했고, 불법의 묘한 요점을 나한이 분명히 알지 못했다. 비록 서로가 알지는 못했으나 각각이 조금도 모자람이 없다. 이미 조금도 모자람이 없다면 긴 것은 긴 법신이요, 짧은 것은 짧은 법신이요, 둥근 것은 둥근 법신이요, 모난 것은 모난 법신이니, 곧바로 이렇게만 깨달으면 긴 것이 긴 것 아니요, 짧은 것이 짧은 것 아니요, 둥근 것이 둥근 것 아니요, 모난 것이 모난 것 아님을 알 것이다. 이미 모두가 아니라면 무엇을 법신이라 하겠는가?

악!

악!

하마터면 죄수를 가두었다가 지혜가 자라게 할 뻔하였네."

雲門杲 上堂 僧問 仰山 道神通遊戲 卽不無尊者 佛法 須還老僧 始得 未審他據箇什麼道理 師云 只知開口笑 不覺舌頭長 進云 恁麼則今日却被和尚笑也 師云 揚聲止響作麼 進云 神通遊戲 卽不無尊者佛法須還徑山 始得 師云 還見徑山麼 進云 小賣弄 師云 有眼如盲乃云神通游戲 仰山 灼然不會 佛法要妙 羅漢 灼然不知 雖然彼此不相知 要且各各無欠少 旣無欠少 長者 長法身 短者 短法身 圓者 圓法身 方者 方法身 便與麼悟去 方知長者 不是長 短者 不是短 圓者

不是圓 方者不是方 旣摠不是 却喚什麽作法身 喝一喝云 泊合停囚長智

 대원 문재현은 이 칙을 모두 듣고나서 이르노라.

마주 대한 그 자체 어떤 것이 불법과 신통이 아니던고? 나한과 앙산 선사 모두 신통도 불법도 바로 알지 못했다.

손 들고 발 디딤이 불법이요
앉거나 서는 것이 신통임을
만상삼라 모든 것이 이르네

570칙 두 손을 펴 보이다

본 칙

앙산 선사에게 어느 날 범승이 찾아오니, 땅 위에 반달 모습을 그렸다.

범승이 가까이 와서 둥근 모습을 채워 그리고, 발로 지워버렸다.

이에 앙산 선사가 두 손을 펴 보이니, 선승이 옷자락을 떨치고 나가면서 말하였다.

"이 나라에 소석가가 나타나셨구나."

仰山 一日 因梵僧來叅 師於地上 畫半月相 僧 近前 添作圓相 以脚抹却 師展兩手 僧 拂袖便出云 此土 有小釋迦出世

☁ 법진일 선사 송

혜적이 뜻하잖게 귀 뚫린 손을 만나
반달을 그려서 그에게 보여줬네
그 중은 둥근 달로 채우고 홀연히 떠나면서
작은 석가를 친히 뵈었다 했네

法眞一 頌
寂子偶逢穿耳客
曾將半月示伊家
僧添滿月飜然去
却道親逢小釋迦

ꩰ 승천간 선사가 이 칙을 들고 말하였다.

앙산 선사는 마치 벙어리가 쓴 참외를 먹은 꼴 같구나.

承天簡 拈 仰山 大似啞子喫苦瓜

 대원 문재현은 이 칙을 모두 듣고나서 이르노라.

앙산 선사와 범승 모두가 옳기는 옳으나 새삼스런 일이다.
알겠는가?

반달과 온달을 그림은
그 무슨 부질없는 짓인고
시자야, 엽차나 들자꾸나

571칙 글자

 본 칙

앙산 선사가 앉았는데 어떤 존자가 와서 절을 하고 물었다.

"화상께서 글자를 아십니까?"

앙산 선사가 말하였다.

"노승은 분수에 따를 뿐이다."

존자가 오른쪽으로 한 바퀴 돌고 말하였다.

"이건 무슨 자입니까?"

앙산 선사가 땅에다 십(十)자를 그리니, 존자는 다시 왼쪽으로 한 바퀴 돌고 말하였다.

"이건 무슨 자입니까?"

앙산 선사가 십(十)자를 고쳐서 만(卍)자를 만들었다.

이에 존자는 원상을 하나 그리고는 두 손을 펴서 마치 아수라가 일월을 받드는 시늉을 하고, 몸과 머리를 흔들면서 말하였다.

"이건 무슨 글자입니까?"

앙산 선사가 원상 하나를 그려서 만(卍)자를 둘러싸니 존자가 누지(樓至)[13]의 시늉을 하거늘 앙산 선사가 말하였다.

"그렇다. 그렇다. 이는 모든 부처님들이 보호해 갖는 생각이니, 그대도 그렇고 나도 또한 그렇니라."

존자가 절을 하고 허공을 날아 올라가서 가버렸다.

(나중에 5일 정도가 지나, 어떤 선승이 "제가 비록 갖가지 삼매를 보았으나, 그 이치를 가리지 못하겠습니다." 하자 앙산 선사가 "내가 의미를 그대에게 해석해 주리라. 이는 여덟 가지 삼매이니, 이는 깨달음의 바다가 변해서 뜻의 바다가 되어 본체와 혼연일치된 것이다. 이 뜻은 인과에 일치하여 이때와 다른 때가 모두 다르나 은신(隱身) 삼매를 여의지 않느니라." 하였다.)

仰山 坐次 有尊者來 作禮問 和尙 識字否 師云 老僧 隨分 者乃右旋一迊云 是什麽字 師於地上 書箇十字 者左旋一迊云 是什麽字 師改十字 作卍字 者畫一圓相 以兩手 托如脩羅掌日月勢 動身搖頭云 是什麽字 師乃畫一圓相 圍却卍字 者乃作樓至勢 師云 如是如是 此是諸佛之所護念 汝亦如是 吾亦如是 者禮拜騰空而去 (後經五日 有僧問云 某甲雖覩種種三昧 不辨其理 師云吾以義爲汝解釋 此是八種三昧 是覺海變爲義海 體同然 此義合有因有果 卽時異時摠別 不離隱身三昧也)

---

13) 누지(樓至) : 누지불. 현겁 천불 가운데 최후의 부처님.

☁ 대각련 선사 송

'돌' 하여 꾸짖고는
가로로 펴고 세로로 내리긋는 솜씨는 어디서 나왔는가?
손바닥의 해와 달이 수미산을 흔들고
천제가 검은 용의 굴에서 쇠사슬을 끊는다
나타는 성이 나서 뼈를 부수고
보화는 방울을 흔들고 허공으로 들어간다
소 먹이는 아이의 눈이 매와 같건만
관 가운데 것이 이 무슨 물건인지 보지 못하는구나

大覺璉 頌
叱咄
橫鋪直下從何出
掌中日月撼須彌
天公鏁斷驪龍窟
那吒怒兮成粉骨
普化搖鈴入大虛
牧牛兒眼似鶻
棺中不見是何物

ↀ 장산전 선사 송

성품의 바다, 바람 없이 파도가 일 때에
고기와 용의 변화, 누가 알리오
그대가 천 가지 명령 풀어 말한다지만
먹을 밥이 다했거든 쌀로 밥을 짓는 것이 마땅하다

蔣山泉 頌
性海無風浪起時
魚龍變化有誰知
饒君解打千般令
飯盡還須着米炊

ര 천동각 선사 송

도의 고리, 비고 참을 함께 하고
허공에 인친 글자, 형상이 아닐세
하늘의 바퀴, 땅의 축, 묘하게 운전하고
무와 문을 종횡하여 비밀히 망라했네
열어놓기도 하고, 지어내기도 하고
홀로 섰기도 하고, 두루 다니기도 한다네
기틀의 현묘한 고동을 발함이여
마른 하늘에 번개가 침일세
눈에 붉은 광채를 머금음이여
한낮에 별을 봄일세

天童覺 頌
道環之虛靡盈
空印之字未形
妙運天輪地軸
密羅武緯文經
放開捏聚
獨立周行

機發玄樞兮
青天激電
眼含紫光兮
白日見星

ꕥ 열재 거사 송

일찍이 패엽의 글, 보지 않았다면
여덟 가지 법에 대해 생소할 뻔하였네
주장자 들고서 후려쳐야 하리니
이 글자가 서역에도 있는가, 없는가?

悅齋居士 頌
不是曾看貝葉書
幾乎八法摠生踈
試將柱杖劈春摟
此字西天有也無

ꕤ 장로색 선사가 이 칙을 들고 말하였다.

오는 말이 풍부하지 않으니, 가는 말도 인색하다. 앙산 선사가 모르는 것은 아니었으나 후세 사람들이 점검하라고 남겨 두었네.
(주장자를 일으켜 세우고)
도적이야! 도적이야!
(향대를 한 번 내리치다)

長蘆賾 拈 來言不豊 必有儉報 仰山不是不知 留與後人點檢 乃拈起柱杖云 賊賊 擊香臺一下

☁ 백운병 선사가 이 칙을 들고 말하였다.

앙산 선사가 비록 글자를 알기는 하나, 인정에 굽히는 군령을 내리는 것을 면치 못했다. 나한의 삼명육통(三明六通)이라지만 끝내 어찌 꿈엔들 보았겠는가.

白雲昺 拈 仰山 雖然識字 未免曲徇人情 羅漢三明六通 畢竟何曾夢見

 대원 문재현은 이 칙을 모두 듣고나서 이르노라.

고수와 명창이 어우러짐이여! 한바탕 좋은 구경거리였네.

작가와 작가가 만나서
각자의 경지를 읊음이여
모두가 봄 풍경 좋을시고

572칙 퇴를 치다

본 칙

앙산 선사가 꿈에 미륵에게 가서 제2좌에 있었는데, 어떤 존자가 퇴를 치고[14] 대중에게 말하였다.

"오늘은 제2좌 스님께서 설법할 차례입니다."

이에 앙산 선사가 일어나서 퇴를 치고 대중에게 말하였다.

"마하연(대승)의 법은 사구[15]와 백비[16]를 여의었으니, 자세히 들어라. 자세히 들어라."

仰山 夢往彌勒所 居第二座 有一尊者白槌云 今日 當第二座說法 師乃起白槌云 摩訶衍法 離四句絶百非 諦聽諦聽

---

14) 원문의 백퇴(白槌). 퇴를 한 번 쳐서 대중이 조용해지면 대중에게 알리는 것을 말한다.

15) 사구(四句) : 사구란 일이유무(一異有無)의 네 가지 범주를 말한다.

16) 백비(百非) : 백비는 사구로부터 나온다. 이를테면 유를 보면 유(有), 비유(非有), 유역비유(有亦非有), 비유역비비유(非有亦非非有)로 되며 일이유무(一異有無) 네 가지이므로 16개가 되며, 이 16개가 다시 과거, 현재, 미래 삼세가 되니 48개가 된다. 여기에 이미 일어난 것과 일어나지 않은 것으로 나누어 합치면 96이 되고 처음의 사구를 합치면 100이 된다. 이렇게 하여 백비라 한다. 백비는 일체의 언어표현을 말한다.

◌ 대각련 선사 송

제2좌가 빈 바퀴의 설법으로 돌아가게 한 방편이여
황금망치 침에 대중들 듣고서 좋아했네
둘씩 셋씩 고개를 돌린 곳이여
빈 법당에 천고의 높고도 깊은 구름이로세

大覺璉 頌
權歸二座演空輪
擊動金槌衆樂聞
兩兩三三廻首處
虛堂千古敞深雲

◌ 천동각 선사 송

꿈에 납의를 입고 옛 스승을 찾아뵈니
여러 성현 그득히 그의 옆에 앉았네
어진 일은 사양 않고 종을 울리니
두려움 없는 설법인 사자후여
마음은 바다 같이 안정되고
담력의 양은 말[斗]과도 같다
교룡의 눈에서 눈물이 나고
방합의 배에서 구슬을 가른다
말이 많았으나 누가 기틀 누설함을 알리오
짙은 눈썹 웃을 때에 집안 허물 드러냄일세
사구백비를 여의라 하니
마사(馬師) 부자(父子)여, 병든 것을 고치려는 것마저 쉬어라

天童覺 頌
夢中擁衲叅耆舊
列聖森森坐其右
當仁不讓楗椎鳴
說法無畏師子吼

心安如海

膽量如斗

鮫目淚流

蚌腸珠剖

譫語誰知泄我機

厖眉應笑揚家醜

離四句絶百非

馬師父子病休醫

◯ 법진일 선사 송

꿈속에 공 도리를 말한 것 매우 기묘하구나
사구백비를 여읜다고 할 것 같으면
그때에 마갈[17]의 영을 능히 들어보임에
방 안에서 한 망치 칠 것인들 있었으랴

法眞一 頌
夢裏談空也大奇
百非四句若爲離
當時能擧摩竭令
何必堂中下一槌

17) 마갈타국. 중인도에 있던 옛 왕국. 불교와 가장 관계가 깊은 나라로 석가모니 부처님은 이 나라의 니련선하 가에서 성도하였다. 최초의 불교 정사인 죽림정사(竹林精舍)가 세워진 곳이기도 하다.

ꩳ 낭야각 선사가, 꿈에 오백 성현의 방에 들어가서 제2좌로서 설법한 것으로부터 오백 성현들이 제각기 흩어진 곳까지를 들고 말하였다.

말해보라. 오백 성현이 흩어졌다, 이는 앙산 선사를 긍정한 것인가, 긍정하지 않은 것인가? 만일 긍정했다 해도 도리어 앙산 선사를 저버린 것이요, 만일 긍정하지 않는 것이라 해도 마치 평지에서 거꾸러져 넘어지는 것과 같다.

산승이 오늘 두 줄기 눈썹을 아끼지 않고 여러분 앞에서 주를 내어 주리라.

마하연의 법은 사구백비를 여의었다.

그대들이 제방에 가서 이렇게 이야기하여 제방에서 만약 그와 같이 안다면 쏜살같이 지옥으로 빠지리라.

瑯琊覺 擧夢入五百聖堂 爲第二座 至五百聖衆 各各散去 師云 且道 五百聖衆 散去 是肯他仰山 不肯他仰山 若肯 又辜負仰山 若不肯 猶如平地上喫交 山僧 今日 不惜兩莖眉毛 與汝諸人 注破 摩訶衍法 離四句絶百非 你若擧似諸方 諸方 若與麼會 入地獄如箭射

ꩰ 대위수 선사가 이 칙을 들고 말하였다.

앙산 선사가 글을 따라 뜻을 해석한 것은 없지 않으나, 미륵의 회상에 어떤 작가가 그의 마하연법 말하는 것을 보자마자 갑자기 "입을 다물라." 하였더라면 앙산 선사의 잠꼬대를 그치게 하는 것은 물론 뒷사람들로 하여금 꿈속에서 꿈 이야기를 하지 않게 하였으리라.

大潙秀 拈 仰山依文解義 卽不無 忽然彌勒會中 有介作者 才見伊道摩訶衍法 便云合取兩片皮 非唯止絶仰山寐語 亦免使後人 夢中說夢

ꩡ 고목성 선사가 상당하여 이 칙을 들고 말하였다.

앙산 선사의 한 토막 꿈이 고금에 전하지만 아직껏 아무도 근원을 깨닫지 못했다. 오늘 향산이 시험삼아 여러분에게 근원을 보게 하리라.

적자(앙산 선사)가 보는 곳은 부처님과 조사를 뛰어넘고 언어를 초월한 성스러운 본성이다. 비록 꿈꾸는 것과 꿈에서 깬 것[覺]이 같다 하나 머리를 돌리고 뇌를 굴린 것을 어찌하랴.

향산이 밤에 꿈 하나를 꾸었기에 여러분에게 말하노라. 대중 속에 근원을 깨달은 분이 있는가?

(잠잠히 있다가)

없거든 각기 방으로 돌아가서 차나 마셔라.

枯木成 上堂擧此話云 仰山一夢 今古共傳 直至如今 未有一人原得 今日香山 試爲諸人原看 寂子見處 超過佛祖 語脫聖情 然雖夢覺一如 爭奈廻頭轉腦 香山 夜來 也有一夢 今日擧似諸人 衆中 還有原得者麼 良久云 若無 各請歸堂喫茶去

☁ 천동각 선사가 대중에게 보이고 앙산 선사가 위산 선사에게 이야기하자, 위산 선사가 "그대는 이미 성인의 지위에 올랐구나." 한 것까지를 들고 말하였다.

옥녀가 어슴프레한 밤에 베틀을 움직이나, 비단실 분명하게 북[梭]이 토해낸다. 물과 하늘처럼 푸르고 맑다 해도 온전히 공(功)에 떨어진 것이고, 눈과 달과 같이 차고 맑다 해도, 한 빛에 매한 것이다.

여러 선덕들이여, 온전한 공(功)에 떨어졌다 하고 한 빛에 매한 것이라 했으니 어떻게 통달해 알아야 꼭 맞게 부합되겠는가?

부처라고 이른 것도 방편으로 때묻은 옷을 걸침인데 도리어 진귀하게 차린들 다시 누구라 이름하겠는가.

天童覺 示衆 擧此話 至仰山 擧似潙山 山云 子已登聖位 師云 玉女依俙夜動機 錦絲歷歷吐梭臍 水天湛碧全功墮 雪月寒淸一色迷 諸禪德 全功負墮 一色猶迷 作麽生體悉得恰好相應去 權掛垢衣云是佛 却裝珍御復名誰

 대원 문재현은 이 칙을 모두 들고나서 이르노라.

사구와 백비를 여의었다 했는데 이 말은 어떻게 지어진 말인가? 당시에 이 사람이라면 "대중이여 방에 돌아가 쉬어라." 했을 것이다.

무등산 정상에는 눈이 흰데
뜰 아래 매화꽃 활짝 폈네

이러-히 고요하고 고요해
태허마저 서지를 못하는데

매화꽃 위 꿀벌들 날아들고
바람은 향기를 전하누나

573칙 위산의 거울인가, 앙산의 거울인가

 본 칙

앙산 선사가 동평(東平)에 있을 적에 위산 선사가 글과 함께 한 면의 거울을 부친 것이 도착했는데, 앙산 선사가 받아서 받들어 세워 대중에게 보이면서 말하였다.

"말해보라. 위산의 거울인가, 앙산의 거울인가? 위산 선사의 거울이라 하자니 앙산의 손아귀에 있고, 앙산의 거울이라 하자니 이는 위산 선사가 보내온 것이 사실이다. 대답을 하면 받아두겠지만 대답을 못하면 때려 부수리라."

대중에서 아무도 대답하는 이가 없으므로 때려 부숴버렸다.

仰山 住東平時 潙山 付書幷鏡一面至 師接得 捧起示衆云 且道 是潙山鏡 仰山鏡 若道是潙山底 又在仰山手裏 若道是仰山底 又是潙山寄來 道得則留取 道不得則撲破 衆無語 遂撲下

∽ 해인신 선사 송

옛 거울 보내왔는데 아는 이 드물어
대중에게 보이고 영을 행하니 멍함만 드러냈네
그때의 대중에 선타객이 있었다면
지금껏 남겨져 찬 빛 비췄으리

海印信 頌
古鑑封來辨者難
示徒行令現顢頇
當時若有仙陁客
留得如今炤影寒

☁ 법진일 선사 송

위산이 앙산 선사에게 주려고 거울을 보냈는데
번쩍 들어 분명히 뒤에 배우는 이들에게 보였네
제각기 말을 아껴 한 마디도 없음에
그때에 때려 부숨이여, 인정으로 안 통하네

法眞一 頌
潙山寄鏡與東平
提起分明示後生
各各吝詞無一對
當時打破不容情

◌ 불타손 선사 송

보배거울 높이 들 때, 아는 이 드무니
가리키는 말씀은 때려 부순 즉시에 있었네
의양(宜陽)의 길은 멀고, 소상강은 넓으며
육지는 걷고 배를 탈 줄은 사람이 알지 못하네

佛陀遜 頌
寶鏡高提辨者稀
謂言撲破在當時
宜陽路遠湘江闊
步陸乘船人不知

∞ 보녕용 선사 송

위산의 옛 거울을 앙산 선사가 제창함이여
해는 동쪽에 뜨고 달은 서쪽에 비친다
때려 부순 것, 누가 지닐 지 알 수 없구나
가을바람 소슬한데 풀은 무성하네

保寧勇 頌
潙山古鏡仰山提
日上東方月照西
撲落不知誰拾得
秋風索索草萋萋

ꕤ 지해청 선사 송

완전히 놓고, 완전히 거두는 뜻 외롭지 않음이여
위산이 앙산에게 거울을 보내옴일세
딱하구나, 한 조각이 가을물과 같건만
세 번 물어도 대답 없으니 박살을 내었네

智海清 頌
全放全收意不孤
潙山送至仰山頭
可憐一片如秋水
三問無人撲破休

ↀ 상방익 선사 송

팔십 노파가 눈썹 그리길 가르침은
소년 시절 풍류와 견주고자 함일세
만약에 곱고 추함 가릴 밝은 거울이 없었다면
방편을 다하여 연지와 분 베푸느라 애쓸 것도 없었다네

上方益 頌
八十婆婆學畵眉
風流欲比少年時
若無明鏡分姸醜
盡道不勞紅粉施

ꕥ 오조계 선사가 말하였다.

"화상께서 도리를 말씀해 주십시오."라고 다시 청하고서 쏜살같이 빼앗아서 때려 부수었어야 했다.

五祖戒 云 更請和尙說道理看 驀奪打破

 대원 문재현은 이 칙을 모두 들고나서 이르노라.

당시에 이 사람이었다면 문득 가서 빼앗아 깨트려버리고 나왔을 것이다.

봄이면 씨앗을 뿌리고
가을이면 추수해 간수하며
겨울이면 방에서 차를 드네

574칙 인위(人位)

 본 칙

앙산 선사가 어떤 선승에게 물었다.

"어디 사람인가?"

선승이 대답하였다.

"유주 사람입니다."

앙산 선사가 다시 물었다.

"그대는 그곳을 생각하는가?"

선승이 대답하였다.

"항상 생각합니다."

앙산 선사가 말하였다.

"생각하는 것은 마음이요, 생각하는 바는 경계이니, 그곳의 굉장한 누대와 전각들과 우글거리는 사람과 말을 네가 생각하는 것을 돌이켜 생각해보라. 도리어 갖가지 허다한 것이 있는가?"

선승이 대답하였다.

"제가 여기에 이르러서는 보이는 것이 아무 것도 없습니다."

앙산 선사가 말하였다.

"신위(信位)는 얻었거니와 인위(人位)는 얻지 못했다. 그대의 견해에 의하건대 단지 하나의 현묘함만을 얻었으니, 자리에 앉아 옷을 풀고 스스로 살펴보라."

仰山 問僧 什處人 僧云 幽州人 師云 汝還思彼中麽 僧云 常思 師云 能思 是心 所思 是境 彼處樓臺殿閣 人馬騈闐 汝返思思底 還有許多般麽 僧云 某甲到者裏 揔不見有 師云 信位 卽得 人位 卽未在 據汝見處 祇得一玄 得坐披衣 向後自看

∽ 대홍은 선사 송

자리에 앉아 스스로 살펴라
열반의 성이라도 편안하진 못하리라
털 쓰고 뿔난 무리 다시 만나니
온갖 고통 다 겪기, 얼마던가?

大洪恩 頌
得坐應須更自看
涅槃城裏未爲安
披毛戴角重相見
歷盡艱難幾許般

☁ 천동각 선사 송

밖이 없이 포용하여
걸림없이 비었도다
문과 담이 언덕이고 언덕이며
빗장과 자물쇠가 겹이고 겹일세
항상 술을 즐겨 취해 누운 객이요
밥을 먹고 곧 배부른 늙은 농부라
허공을 뚫고 바람이 묘하게 날개치듯 나아가고
푸른 바다를 뒤집어 밟고 우레를 보내 용과 즐기네

天童覺 頌
無外而容
無礙而冲
門牆岸岸
關鏁重重
酒常酣而臥客
飯雖飽而頹農
突出虛空兮風搏妙翅
踏飜滄海兮雷送遊龍

○ 법진일 선사 송

고향을 물은 것이 발단이 된 유주 이야기여[18]
역력한 산천이 가슴 속에 간직됐다
생각함을 돌이켜 생각하다 모두 드디어 깨닫고 나니
자리에 앉아 옷을 풀고난 연후 다시 한 번 보라 했네

法眞一 頌
幽州桑梓問來端
歷歷山川在肺肝
思底返思都叵得
披衣向後更須看

18) 원문에 상재(桑梓)라고 되어 있는데, 이는 뽕나무와 가래나무를 말한다. 옛날에는 집의 담 밑에 뽕나무와 가래나무를 심어두어 후세 자손에게 조상을 생각하게 했다는 데에서 '고향의 집' 또는 '고향'을 이르는 말로 쓰이게 되었다.

ᨒ 취암종 선사가 이 칙을 들고 말하였다.

바로 생각할 때에 산하대지는 어디로부터 있으며, 생각을 돌이킬 때에 산하대지는 어디로부터 없는가?

만일 이 속에서 곧 바로 보아 꿰뚫어 얻으면 "유와 무의 자취가 다하고 너와 내가 없어져서 인위(人位)와 신위(信位)가 가지런히 나타나고 생각하는 주체와 생각하는 바가 평등하리라." 한 말을 비로소 믿게 되리니, 바로 이럴 때엔 어떻게 행세해야 되는가?

알겠는가?

벽옥소반에 구슬이 둥글게 구르고 유리궁전 위에 달이 배회한다.

翠嵓宗 拈 正思時 山河大地從何而有 返思時 山河大地從何處無 若向這裏 直下覷得透 方信道有無迹盡 彼我雙亡 人位信位 齊彰 能思所思 平等 正恁麽時如何行履 還相委悉麽 碧玉盤中珠宛轉 琉璃殿上月徘徊

☁ 불안원 선사가 보설에서 이 칙을 들고 말하였다.

그 선승이 말하기를, "생각하는 바에는 허다한 것이 있으나 생각하는 근본에는 허다한 것이 없다." 하니 견해가 치우침이 있어서 앙산 선사가 겨우 한 가지 현묘함만을 얻어서 도의 눈이 바르지 못하다 하기에 이르렀다.

만일 산승의 견해에 의하건대 생각하는 바에 누대와 전각, 허다한 것이 있으나 곧 허다한 것이 없는 그것이요, 생각하는 근본에 허다한 것이 없다 하나 곧 허다한 것이 있는 그것이라. 가히 지금의 목전이니, 허다한 것이 있는 것이 곧 허다한 것이 없는 그것이요, 허다한 것이 없는 것이 곧 허다한 것이 있는 것임이 드러나 증험하고 있다.

이는 또 비목선인이 선재의 손을 잡으니, 선재가 무량한 세계의 미진수 부처님을 뵈었고, 선인이 손을 놓으니, 완연히 전과 같았던 것과도 같다.

좋구나! 대중들이여, 손을 놓자 완연히 전과 같았으니, 이를 어떻게 알아야 하겠는가. 바로 알아야 한다. 좋구나! 오래 서 있었다.

佛眼遠 普說 擧此話云 大衆 者僧道所思 有許多般 思底 無許多般 見解有偏 致令仰山 道祇得一玄 道眼 不正 若據山僧 所思樓臺殿閣

有許多般 便是無許多般 思底 無許多般 便是有許多般 可驗現今目前有許多般 便是無許多般 無許多般 便是有許多般 亦如毗目仙人 執善財手 善財 見無量世界微塵數諸佛 仙人 放手 宛然依舊 好 大衆 放下手了 宛然依舊 且作麽生會 會取 好 久立

 대원 문재현은 이 칙을 모두 듣고나서 이르노라.

알겠는가?

(잠잠히 있다가)

보고 들으나 마음 이외에 다른 물건 없고, 다른 물건 없으나 보고 듣는다.

주금산정 바위는 구슬 같고
내촌 앞 저녁 차들 끝이 없네

'이러-히 산도 물도 없어서
오로지 이 뿐이다' 말아라

쏟아지는 소낙비에 사태 나고
뇌성이 요란히 울어댄다

575칙 우러른 것인가, 엎어진 것인가

본 칙

앙산 선사에게 방 거사가 물었다.

"오래 전부터 앙산 선사라고 들었는데 와서 보니 어째서 엎어졌는가?"[19]

앙산 선사가 불자를 일으켜 세웠다.

방 거사가 말하였다.

"그럴듯하군."

이에 앙산 선사가 말하였다.

"이것을 우러른 것이라 할 것인가, 엎어진 것이라 할 것인가?"

이에 방 거사가 노주를 한 번 치면서 말하였다.

"아무도 보는 이는 없으나 노주와 내가 증명하고 있다."

이에 앙산 선사가 불자를 던지면서 말하였다.

"마음대로 제방에 가서 이야기하시오."

---

19) 앙산의 '앙(仰)'자가 '우러를 앙'자인 것을 잡아 쓴 것이다.

仰山 因龐居士問 久嚮仰山 到來爲什麽却覆 師竪起拂子 居士云 恰是 師云 是仰 是覆 居士拍露柱一下云 雖無人見 露柱與我證明 師擲下拂子云 一任擧似諸方

◌ 보녕용 선사 송

도적이 도적의 물건 훔친 일, 아주 드물게 뛰어남이여
좋은 솜씬 도리어 짝이 안다 했네
이에 장물도 같이 손에 넣었다 할 것이나
편의를 얻는다 한 것이 편의에 떨어졌네

保寧勇 頌
賊偸賊物大希奇
好手還他火伴知
今日幷贓齊捉獲
得便宜是落便宜

 대원 문재현은 이 칙을 모두 듣고나서 이르노라.

마치 능숙한 시인 서로 만나 주고받는 화답일세.

운악산 산정에는 눈 휜데
포천 이동, 들 전답에 풀 푸르다

오늘도 이러-히 즐기면서
용암천 온천을 즐기나니

한산습득 웃음이 터져나고
보화의 기질이 솟는구나

576칙 진해명주(鎭海明珠)

본 칙

앙산 선사가 동사 선사에게 갔더니 동사 선사가 물었다.

"그대는 어디 사람인가?"

앙산 선사가 대답하였다.

"광남 사람입니다."

이에 동사 선사가 물었다.

"내가 들으니 광남에는 진해명주라는 것이 있다던데 사실인가?"

앙산 선사가 대답하였다.

"사실입니다."

"그 구슬이 어떤 것인가?"

"그믐에서 숨고 보름에는 나타납니다."

"가지고 왔는가?"

"가지고 왔습니다."

"노승에게 보여 주게."

앙산 선사가 차수하고 앞으로 가까이 가서 말하였다.

"제가 어제 위산에 갔더니, 역시 이 구슬을 찾으시는데 가히 대꾸

할 말이 없었고, 가히 말할 이치도 없었습니다."

동사 선사가 말하였다.

"진짜 사자 새끼가 영각을 잘 하는구나. 마치 초명벌레[20]가 모기 눈썹 위에 집을 짓고 십자 거리에서 외치기를 '땅은 넓고 사람은 드무니, 만나는 사람이 적구나!' 하는 것 같도다."

仰山 叅東寺 寺問 汝是什處人 師云 廣南人 寺云 我聞廣南 有鎭海明珠 是否 師云 是 寺云 此珠如何 師云 黑月卽隱 白月 卽現 寺云 還將得來麽 師云 將得來 寺云 試呈似老僧看 師叉手近前云 某甲昨到潙山 亦被索此珠 直得無言可對 無理可伸 寺云 眞師子兒 善能哮吼 譬如蟭螟蟲 向蚊子眼睫上 作窠 向十字街頭叫云 土曠人稀 相逢者少

20) 초명벌레 : 모기의 눈썹 사이에 산다는 작은 벌레. 더 이상 작을 수 없는 작은 것을 비유한다.

◌ 법진일 선사 송

진해명주가 도처에 밝게 빛남이여
원래 한 알이 스스로 원만하다
앙산 선사가 동사 선사의 달라는 청을 받자
차수하고 이어서 드러내보였네

法眞一 頌
鎭海明珠到處晶
從來一顆自圓成
仰山東寺曾遭索
叉手還將取次呈

☁ 원오근 선사 송

태아보검[21]을 손에 잘 쥐기만 하면
결단코 손을 상할 액운이 없고
맹호의 수염을 익숙히 묶는다면
반드시 몸을 온전히 할 계책이 있네
진해명주를 교묘하게 바침이여
빛과 소리 이름을 모두 여의었네
전단숲에서는 전단이 타고
사자굴에서는 사자가 영각하네

圜悟勤 頌
善撫大阿鋏
決無傷手厄
慣編猛虎鬚
必有全身策
鎭海珠巧呈似
離色離聲離名字
旃檀林裏爇旃檀
師子窟中吼師子

---

21) 태아보검 : 옛날 보검의 이름.

ↈ 해인신 선사가 상당하여 이 칙을 들고 말하였다.

제방에서 모두가 "앙산 선사가 구슬 바친 이야기가 매우 기특하다." 하나, 산승은 그렇게 하지 않으리니, 이능이 비록 좋은 솜씨였으나 몸소 오랑캐의 함정에 빠지는 것을 면치 못했느니라.

참!

海印信 上堂擧此話云 諸方 盡道 仰山呈珠話奇特 山僧則不然 李陵雖好手 未免陷番身 參

ᯅ 백운병 선사가 이 칙을 들고 말하였다.

진해명주는 세상에서 드문 보배다. 앙산 선사가 제 마음대로 다루며 가지고 놀았으나 그림자나 자취를 남김이 없었고, 동사 선사가 손에 들고 저울에 달아 보는 데는 너그러운 여유가 있었다.

비록 이러-하나 도문 중에서 제창하는데 있어서는 아직도 멀었다.

알겠는가?

비목(毗目)이 나귀웃음을 짓고, 말이 있어도 오랑캐나 한인의 것이 아니다.

白雲昺 拈 鎭海明珠 希世之寶 仰山 翫弄 影迹不留 東寺稱提 綽有餘裕 雖然如是 於唱道門中 猶較些子 還會麼 毗目 笑驢唇 有語 非胡漢

ⓒ 공수 화상이 이 칙을 들고 말하였다.

소석가가 진해명주를 가졌으니, 가위 도르래 같이 구르고, 물고기가 헤엄치듯 팔팔해서 가는 곳마다 광채를 뿜어 땅을 흔들더니 까닭 없이 동사 선사에게 진흙탄알 꼴이 되어버렸다.

나중에 말하기를 "동사 사숙이 아직 있다면 내가 이렇게 적막하지는 않았으리라." 했으니, 마치 도적이 지난 뒤에 활을 쏘는 격이로다.

空叟和尚 拈云 小釋迦 收得鎭海明珠 可謂是轉轆轆活鱍鱍 所至放光動地 無端被東寺將泥彈子換却 後來道 東寺師叔 若在 某甲 不致寂寞 大似賊過後張弓

 대원 문재현은 이 칙을 모두 듣고나서 이르노라.

명수들이 바둑 놓듯 했지만, “가히 대꾸할 말이 없었고, 가히 말할 이치도 없었습니다.” 한 것은 무슨 말인가?

용두사미의 꼴을 면치 못했다.

이러-히 서로 만나 인사하고
주고받는 대답은 무엇인가
가련한 앙산이여, 하. 하. 하.

577칙 불자를 세우다

본 칙

앙산 선사에게 육 낭중이 물었다.

"어떤 것이 번뇌를 끊지 않고 열반에 드는 것입니까?"

앙산 선사가 불자를 세우자, 육 낭중이 절을 하였다.

다른 때, 앙산 선사가 문득 그에게 물었다.

"지난번에 낭중이 '번뇌를 끊지 않고 열반에 드는 것이 무엇입니까?' 하였을 때 내가 불자를 세웠었는데 낭중은 어떻게 생각하였는가?"

육 낭중이 말하였다.

"제 견해에 의거하면 '들 입(入)'자 하나도 얻어 쓸 것이 없습니다."

이에 앙산 선사가 말하였다.

"들 입 한 자가 낭중을 위한 것이 못 되었구나."

仰山 因陸郎中問 如何是不斷煩惱而入涅槃 師竪拂子 郎中 便拜 異

時 師却問 郎中 曾問 不斷煩惱而入涅槃 老僧 竪拂子 郎中 作麽生會 陸云 據某甲見處 入之一字 也不用得 師云 入之一字 不爲郎中

ᔓ 설두현 선사가 이 칙을 들고 말하였다.

어떻게 생각하는가?
(육 낭중의 말을 특별히 말하기를)
불자가 제 손아귀에 들어왔습니다.
(또 앙산 선사의 나중 말을 특별히 말하기를)
나는 그대를 속인[俗漢]이라고 여겼느니라.

雪竇顯 擧此話云 作麼生會 別陸云 拂子 到某甲手裏也 又別仰山後語云 我將謂你是箇俗漢

☁ 법등 선사가 말하였다.

상좌들아! 말해보라. 들 입자 하나는 어떤 사람을 위했는가?
(또 말하기를)
낭중이여, 번뇌하지 말아라.

法燈 云 上座 且道 入之一字 爲什麽人 又云 郎中 且莫煩惱

 대원 문재현은 이 칙을 모두 듣고나서 이르노라.

낭중이 신위의 사람이긴 하나, 인위의 사람에는 멀었다.

돌소가 바다 위를 달리고
나무새가 허공을 나른다
낭중이여, 모두가 이렇다네

578칙 거기서도 이것을 이야기하던가

 본 칙

앙산 선사가 어떤 선승에게 물었다.

"요즘 어디서 떠났는가?"

선승이 대답하였다.

"향남에서 떠났습니다."

이에 앙산 선사가 주장자를 일으켜 세우고 말하였다.

"거기서도 이것을 이야기하던가?"

선승이 대답하였다.

"이야기하지 않습니다."

앙산 선사가 말하였다.

"이것을 이야기하지 않으면 저것은 이야기하는가?"

선승이 대답하였다.

"이야기하지 않습니다."

앙산 선사가 다시 불렀다.

"대덕아!

방에 가서 참구하라."

선승이 곧바로 떠나가거늘, 앙산 선사가 다시 불러 선승이 대답하니 앙산 선사가 말하였다.

"가까이 오라."

가까이 오니, 때렸다.

仰山 問僧 近離什處 僧云 向南 師拈起柱杖云 彼中 還說這箇麼 僧云 不說 師云 不說這箇 還說那箇麼 僧云 不說 師召大德 叅堂去 僧便去 師復召 僧 應諾 師云 近前來 僧 近前 師便打

○ 운문 선사가 말하였다.

앙산 선사가 만일 나중의 말이 없었던들 어찌 사람을 깨닫게 할 줄 안다 하리오.

雲門 云 仰山 若無後語 爭識得人

 대원 문재현은 이 칙을 모두 듣고나서 이르노라.

기틀을 따라서 법을 베푼다는 것이 이런 것이리라.

앙산 선사의 노파심이 지극하구나
때리는 대자비를 알고 싶은가?
참새가 내 먼저 이르누나

수행의 노래

대원 문재현 선사님 작사

여기에 실린 것들은 모두 대원 문재현 선사님께서 직접 작사하신 곡들이다.

수행의 길로 들어서게끔 신심, 발심을 북돋아주는 곡으로부터 수행의 길로 접어든 이의 구도의 몸부림이 담겨있는 곡, 대승의 원력을 발해서 교화하는 보살의 자비심과 함께 낙원세계를 누리는 풍류를 그려놓은 곡까지 가사 한마디, 한마디가 생생하여 그 뜻이 뼛속 깊이 새겨지고 그 멋에 흠뻑 취하게 된다.

대원 문재현 선사님께서는 거칠고 말초적인 요즘의 노래를 듣고 이러한 정서를 순화시키고자, 또한 수행의 마음을 진작시키고자 하는 뜻에서 이 곡들을 작사하셨다.

사 색

1. 조용히 눈 감고서 참나를 살펴봐요
갖은 생각 모든 행이 이로 좇아 있건만은
색깔도 모양도 없어 알고파서 사색일세
모든 걸 내려놓고 쉬는 시간 사색으로
한 걸음 또 한 걸음 다가서는 노력 다해
기어이 성취하여 낙원의 삶 누리려네

2. 조용한 사색으로 깨달아 살펴보면
온갖 지혜 모든 덕이 이로 좇아 있음에
그 능력 베풀고 펼쳐 누리려고 수행일세
모두를 다 비우고 님의 자취 따름으로
한걸음 또 한걸음 극락세계 다가가서
기어이 성취하여 너나 없이 누려보세

천부경을 아시나요

1. 우리 조상 깊은 진리 천부경을 아시나요
여든 한자 속에 누리의 온 이치를 남김없이 담으셨네
필부의 사내라도 마음을 갈고 닦아
영원한 참나 깨쳐 환인 큰 은혜에 보답해 사세

2. 바른 진리 깨달아서 이 세상을 바로 봐요
마음의 능력으로 펼쳐놓은 장엄이라 화려하고 아름답네
이 땅인 이대로가 낙원의 세계이니
노래와 춤으로써 어깨동무하고 영원히 사세

서 원 가

1. 참나를 깨달아서 보림을 하고
   다가올 내 앞날의 서원이라네
   기어코 육바라밀 성취를 하여
   불보살님 큰 은혜에 보답하면서
   영원히 구제의 길 나는 가리라

2. 보살의 가는 길이 험난타 해도
   맹세코 초지일관 서원이라네
   구류를 그릇 따라 깨닫게 하여
   스승님의 큰 은혜에 보답하면서
   영원히 구제의 길 나는 가리라

3. 중생이 끝이 없다 말들을 해도
   보현의 만행 다해 제도를 하여
   유정과 무정 모두 다한 그날이
   삼보님의 큰 은혜를 갚는 날이니
   영원히 구제의 길 나는 가리라

님은 아시리

1 부

1. 사계절의 풍광인들 위로되겠니
   서사시의 음률인들 쉬어지겠니
   뜻과 같이 되지 않아 기도에 젖은
   이 마음 님은 아시리
   한 세상 열정 쏟아 닦는 수행길
   불보살님 출현하셔 베푼 자비에
   모든 망상, 모든 번뇌 없었으면 좋으련만
   마음대로 안 되는 게 수행이더라, 수행이더라, 수행이더라

2. 사계절의 풍광인들 위로되겠니
   서사시의 음률인들 쉬어지겠니
   뜻과 같이 되지 않아 기도에 젖은
   이 마음 님은 아시리
   청춘의 모든 욕망 사뤄버리고
   회광반조 촌각 아낀 열정 쏟아서
   이룬 선정 그 효력이 있었으면 좋으련만
   마음대로 안 되는 게 보림이더라, 보림이더라, 보림이더라

3. 사계절의 풍광인들 위로되겠니
서사시의 음률인들 쉬어지겠니
뜻과 같이 되지 않아 기도에 젖은
이 마음 님은 아시리
억겁의 모든 습성 꺾어보려고
갖은 노력 갖은 인내 온통 쏟아서
세월 잊은 보림 성취 있었으면 좋으련만
마음대로 안 되는 게 성불이더라, 성불이더라, 성불이더라

2 부

1. 사계절의 풍광인들 비유되겠니
가릉빈가 음률인들 비교되겠니
뜻과 같이 자유자재 베풀어 놓고
한없이 즐기시련만
그러한 대자유의 삶을 접고서
중생들을 구제하려 삼도에 출현
갖은 역경 어려움을 감내하는 자비로써
깨워주는 그 진리에 눈을 뜨거라, 눈을 뜨거라, 눈을 뜨거라

2. 사계절의 풍광인들 비유되겠니
가릉빈가 음률인들 비교되겠니
뜻과 같이 자유자재 베풀어 놓고
한없이 즐기시련만
억겁을 다하여도 끝이 없을 걸
알면서도 해내겠다 나선 님의 길
가시밭길 험난해도 일관하신 그 자비에
구류중생 깨달아서 정토 이루리, 정토 이루리, 정토 이루리

3. 사계절의 풍광인들 비유되겠니
가릉빈가 음률인들 비교되겠니
뜻과 같이 자유자재 베풀어 놓고
한없이 즐기시련만
낙원의 모든 즐김 떨쳐버리고
삼악도를 낙원으로 이뤄놓겠다
촌각 아낀 그 열정에 모두 모두 감화되어
이 땅 위에 님의 소원 이뤄지리라, 이뤄지리라, 이뤄지리라

교 화 가

1. 주장자 떨쳐메고 방랑 삼천계
   흰구름 뜬 고개 넘어 오신 님이 누구뇨
   사바세계 중생들을 구제를 할 때
   갖은 방편 어려움도 웃어넘는 스승님

2. 주장자 떨쳐메고 방랑 삼천계
   흰구름 뜬 고개 넘어 오신 님이 누구뇨
   구류중생 그릇 따라 교화를 할 때
   제 안경에 갖은 시비 웃어넘는 스승님

3. 주장자 떨쳐메고 방랑 삼천계
   흰구름 뜬 고개 넘어 오신 님이 누구뇨
   화장세계 열어놓고 노래를 하며
   춤을 추는 이 환희를 함께 하잔 스승님

보살의 마음

1. 파도에 실려 떠가는 낙엽같이 살아가는 인생
구원코자 따라주며 같이 하는 자비인데
제 안경에 보인 대로 말들 하지만
못 들은 척 모르는 척 최선 다하리
바른 눈, 바른 맘 통쾌히 열어라
아 그날이 오기만을 기다리는 마음

2. 파도에 실려 떠가는 낙엽같이 살아가는 인생
구원코자 따라주며 같이 하는 자비인데
눈이 멀고 귀가 먹은 저들이지만
황소처럼 지장처럼 최선 다하리
지혜 눈, 지혜 맘 통쾌히 열어라
아 그날이 오기만을 기다리는 마음

보 살 가

1. 세상사에 어울린 구제의 길
   어려움도 웃어넘긴 이 마음을 흰구름 너도 알리라
   성불의 보리과를 이루기 위해 두타의 수행으로써
   이 세계 저 세계서 닦았던 보현행을 영원히 펼치리

2. 세상사에 어울린 구제의 길
   어려움도 웃어넘긴 이 마음을 흰구름 너도 알리라
   온누리 극락으로 이루기 위해 두타의 길이라지만
   서원코 남김없이 구류를 제도하여 영원히 누리리

발 심 가

- 청춘가에 맞춰 홍겹게

1. 우리네 한세상 보람찬 삶으로
   바꾸기 위하여 닦아들 봅시다
   청춘 홍안이 얼마나 길던가
   꿈꾸는 사이에 백발이 된다네

2. 참나를 깨달아 보림을 하고요
   자비심 발하여 구제길 나서서
   중생들 세계에 고통을 없애어
   극락이 되도록 최선을 다하세

3. 본연한 몸의 능력을 베풀어
   극락세계 장엄을 하구요
   둥실 두둥실 누리기 위하여
   오늘의 어려움 극복을 해내세

4. 눈 깜박 하는 새 한 세상 다 가고
   부귀와 공명은 잠시의 꿈이라
   이러한 되풀이 금생에 끝내어
   윤회의 사슬에서 벗어나 납시다

권 수 가

- 창부타령에 맞춰 흥겹게

1. 아니 아니 닦지는 못하리라
나라는 참나를 어이해야 알꼬, 일분과 일각도 허송하지 말게
눈감아 뜨는 사이 백발과 주름일세
어서 수행을 하여 영원한 참나를 알고 사세
이것이것 이것이 뭐꼬, 뭐꼬라고 한 이것이 뭐꼬
보일듯이 아니 보이고 이룰 듯 하다가 놓쳤으니
하루하루가 태산만 같게 커져만 가는게 의심일세
얼씨구나 좋다, 지화자 좋네, 아니 닦지는 못하리라

2. 아니 아니 닦지는 못하리라
한송이 떨어진 꽃을 낙화진다고 서러워 마라
한번 피었다 꽃이 지듯 우리 저렇듯 지고 마는
슬픈 나날이 흘러 흘러 흘러만 가니 어이하리
차착각, 저 초침소리 검은 옷으로 다가오는
저승의 사자소리, 어찌 아니 슬플손가
숙명적인 인과라 해도 극복해 넘기에 어려웁네
얼씨구나 좋다, 지화자 좋네, 아니 닦지는 못하리라

3. 아니 아니 닦지는 못하리라
적적요요 달밝은 밤에 단정히 눈을 감은
깊은 삼매, 대상 없는 낙에 취해 짓는 미소
한산 습득이 즐겨 누리는 그 낙이 아니던가
모두들 저런 낙을 누리려거든 닦고 닦소
삼세 모든 불보살님도 두타의 수행을 인내로써
하루하루를 수행해 왔던 결실로 얻어진 과위라네
얼씨구나 좋다, 지화자 좋네, 아니 닦지는 못하리라

4. 아니 아니 닦지는 못하리라
어지러운 번뇌망상, 털고 이룬 보리마음
모든 속박 다 떨치고 호연지기를 누리는데
송죽바람 솔솔 향기, 그윽하고 그윽하네
산새도 노래하니 너도 좋고 나도 좋다
삼세제불 무현금에 역대조사 무공적의
명월삼경 이 좋은 밤을 두둥실 두둥실 즐겨보세
얼씨구나 좋다, 지화자 좋네, 아니 닦지는 못하리라

사 색

작사 대원 문재현
작곡 배신영

천부경을 아시나요

작사 대원 문재현
작곡 배신영

서 원 가

작사 대원 문재현
작곡 김동환

빠르지않게

님은 아시리

2003년 부산가요작가협회 창작발표회 출품작

작사 대원 문재현
작곡 배신영
노래 신정숙

교 화 가

작사 대원 문재현
작곡 정부기

고 개 넘 — 어 오 신 님 이 누 — 구 뇨
mf
p
mp
사 바 세 계 중 생 들 — 을 구 제 를 — 할 때
f
f
ff
갖은방—편 어려움—도 웃어넘는스—승 님
mf
mp

보살의 마음

작사 대원 문재현
작곡 정부기
MM ♩ = 72
mf
ff
mf
파 — 도 에 실 — 려 떠 가 는 낙 엽 같
mf
mp
mf
이 살아가는인 생 구원코 자 따라주
p
mp

며 같이하는 자비인데
p
mp
mf
제 안 경에 보인대-로 말 -들
눈 이 멀고 귀가먹-은 저 -들
f
ff
mp
하 지만 못들은척 모르는-척
이 지만 황소처럼 지장처-럼
mf
f

최 — 선 다 하 — 리 바 — 른 눈 바 — — 른 —
최 — 선 다 하 — 리 지 — 혜 눈 지 — — 혜 —
맘 통 — 쾌 히 열 — — 어 — 라 아 그 날
맘 통 — 쾌 히 열 — — 어 — 라 아 그 날
이 오 기 만 을 기 다 리 는 마 — —
이 오 기 만 을 기 다 리 는 마 — —

1.
2.
음 파 — 도 음
mf

보 살 가

작사 대원 문재현
작곡 김동환

이세계저세계서 닦았던보현행을 영원히펼치 - 리

바로보인의 책들

1. 바로보인 전등록 (전30권을 5권으로)

7불과 역대 조사의 말씀이 1,700공안으로 집대성되어 있는 선종 최고의 고전으로, 깨달음의 정수가 살아 숨쉬도록 새롭게 번역되었다.

464, 464, 472, 448, 432쪽.

각권 18,000원

2. 바로보인 무문관

황룡 무문 혜개 선사가 저술한 공안집으로 『전등록』, 『선문염송』, 『벽암록』 등과 함께 손꼽히는 선문의 명저이다.

본칙 48개와 무문 선사의 평창과 송, 여기에 역저자인 대원 문재현 선사의 도움말과 시송으로 생명과 같은 선문의 진수를 맛보여 주고 있다.

272쪽. 12,000원

3. 바로보인 벽암록

설두 선사의 『설두송고』를 원오 극근 선사가 수행자에게 제창한 것이 벽암록이다.

이 책은 본칙과 설두 선사의 송, 대원 문재현 선사의 도움말과 시송으로 이루어져, 벽암록을 오늘에 맞게 바로 보이고 있다.

456쪽. 15,000원

4. 바로보인 천부경

우리 민족 최고(最古)의 경전 천부경을 깨달음의 책으로 새롭게 바로 보였다. 이 책에는 81권의 화엄경을 81자에 함축한 듯한 천부경과, 교화경, 치화경의 내용이 함께 담겨 있으며, 역저자인 대원 문재현 선사가 도움말, 토끼뿔, 거북털 등으로 손쉽게 닦아 증득하는 문을 열어놓고 있다.

432쪽. 15,000원

5. 바로보인 금강경

대원 문재현 선사의 『바로보인 금강경』은 국내 최초로 독창적인 과목을 내어 부처님과 수보리 존자의 대화 이면의 숨은 뜻을 드러내고, 자문과 시송으로 본문의 핵심을 꿰뚫어 밝혀, 금강경 전체를 손바닥 안의 겨자씨를 보듯 설파하고 있다.

488쪽. 15,000원

6. 세월을 북채로 세상을 북삼아

대원 문재현 선사의 선시가 담긴 선시화집 『세월을 북채로 세상을 북삼아』는 선과 시와 그림이 정상에서 만나 어우러진 한바탕이다. 선의 세계를 누리는 불가사의한 일상의 노래, 법열의 환희로 취한 어깨춤과 같은 선시가 생생하고 눈부시게 내면의 소리로 흐른다.

180쪽. 15,000원

7. 영원한현실

애매모호한 구석이 없이 밝고 명쾌하여, 너무도 분명함에 오히려 그 깊이를 헤아리기 어려운, 대원 문재현 선사의 주옥같은 법문을 모아 놓은 법문집이다.

400쪽. 15,000원

8. 바로보인 신심명

신심명은 양끝을 들어 양끝을 쓸어버리는, 40대치법으로 이루어진, 3조 승찬 대사의 게송이다.

이를 대원 문재현 선사가 바로 번역하는 것은 물론, 주해, 게송, 법문을 더해 통쾌하게 회통하고 자유자재 농한 것이 이 『바로보인 신심명』이다.

296쪽. 10,000원

9. 바로보인 환단고기 (전5권)

『바로보인 환단고기』 1권은 민족정신의 정수인 환단고기의 진리를 총정리하여 출간하였다.

2권에는 역사총론과 태초에서 배달국까지 역사가 실려있으며, 3권은 단군조선, 4권은 북부여에서부터 고려까지의 역사가 실려있다. 5권에는 역사를 증명하는 부록과 함께 환단고기 원문을 실었다.

264 · 368 · 264 · 352 · 344쪽. 각권 12,000원

10. 바로보인 선문염송 (전30권 중 13권)

선문염송은 세계최대의 공안집이다. 전 공안을 망라하다시피 했기에 불조의 법 쓰는 바를 손바닥 들여다보듯 하지 않고는 제대로 번역할 수 없다. 대원 문재현 선사는 전 공안을 바로 참구할 수 있게끔 번역하고 각 칙마다 일러보였다.

352 368 344 352 360 360 400 440 376 392 384 428 410쪽

각권 15,000원

11. 앞뜰에 국화꽃 곱고 북산에 첫눈 희다

대원 문재현 선사의 선문답집으로 전강 · 경봉 · 숭산 · 묵산 선사와의 명쾌한 문답을 실었으며, 중앙일보의 <한국불교의 큰스님 선문답> 열 분의 기사와 기자의 질문에 대한 대원 문재현 선사의 별답을 함께 실었다.

200쪽. 5,000원

12. 바로보인 증도가

선종사에 사라지지 않을 발자취로 남은 영가 선사의 증도가를 대원 문재현 선사가 번역하고 법문과 송을 더하였다.

자비의 방편인 증도가의 말씀을 하나 하나 쳐가는 선사의 일갈이야말로 영가 선사의 본의중과 일치하여 부합하는 것이라 아니할 수 없다.

376쪽. 10,000원

13. 바로보인 반야심경

이 시대의 야부 선사, 대원 문재현 선사가 최초로 반야심경에 과목을 붙여 반야심경 내면에 흐르는 뜻을 밀밀하게 밝혀놓고 거침없는 송으로 들어보였다.

200쪽. 10,000원

14. 선(禪)을 묻는 그대에게 (전10권 중 2권)

대원 문재현 선사의 선수행에 대한 문답집. 깨달아 사무친 경지에 대한 밀밀한 점검과, 오후보림에 대한 구체적인 수행법 제시와, 최초의 무명과 우주생성의 원리까지 낱낱이 설한 법문이 담겨 있다.

280쪽, 272쪽. 각권 15,000원

15. 바로보인 선가귀감

선가귀감은 깨닫고 닦아가는 비법이 고스란히 전수되어 있는 선가의 거울이라 할 만하다. 더욱이 바로보인 선가귀감은 매 소절마다 대원 문재현 선사의 시송이 화살을 과녁에 적중시키듯 역대 조사와 서산대사의 의중을 꿰뚫어 보석처럼 빛나고 있다.

352쪽. 15,000원

16. 바로보인 법융선사 심명

심명 99절의 한 소절, 한 소절이 이름 그대로 마음에 새겨두어야 할 자비광명들이다.

이 심명은 언어와 문자이면서 언어와 문자를 초월한 일상을 영위하게 하는 주옥같은 법문이다.

278쪽. 12,000원

17. 주머니 속의 심경

반야심경은 부처님이 설하신 경 중에서도 절제된 경으로 으뜸가는 경이다. 대원 문재현 선사의 선송(禪頌)도 그 뜻을 따라 간략하나 선의 풍미를 한껏 담고 있다. 하루에 한 소절씩을 읽고 참구한다면 선 수행의 지름길이 될 것이다.

84쪽. 5,000원

18. 바로보인 법성게

법성게는 한마디로 화엄경의 핵심부를 온통 훤출히 드러내놓은 게송이다. 짧은 글 속에 일체의 법을 이렇게 통렬하게 담아놓은 법문도 드물 것이다.

이렇게 함축된 법성게 법문을 대원 문재현 선사가 속속들이 밀밀하게 설해놓았다.

160쪽. 10,000원

19. 달다 - 전강 대선사 법어집

이제는 전설이 된 한국 근대선의 거목인 전강 선사님의 최상승법과 예리한 지혜, 선기로 넘쳤던 삶이 생생하게 담겨 있는 전강 대선사 법어집 < 달다 > !

전강 대선사님의 인가 제자인 대원 문재현 선사가 전강 대선사님의 법거량과 법문, 일화를 재조명하여 보였다.

304쪽. 15,000원

20. 기우목동가

그 뜻이 심오하여 번역하기 어려웠던 말계지은 선사의 기우목동가!

대원 문재현 선사가 바른 뜻이 드러나도록 번역하고, 간결한 결문과 주옥같은 선송으로 다시 보였다.

146쪽. 10,000원

21. 초발심자경문

이 초발심자경문은 한문을 새기는 힘인 문리를 터득하게 하기 위하여 일부러 의역하지 않고 직역하였다.

대원 문재현 선사의 살아있는 수행지침도 실려 있다.

266쪽. 10,000원